英语教学与就业能力培养

谭丁　著

延边大学出版社

图书在版编目（CIP）数据

英语教学与就业能力培养 / 谭丁著. -- 延吉 : 延边大学出版社, 2020.12
ISBN 978-7-230-00415-2

Ⅰ. ①英… Ⅱ. ①谭… Ⅲ. ①英语－教学研究－高等学校 Ⅳ. ①H319.3

中国版本图书馆 CIP 数据核字(2020)第 248142 号

英语教学与就业能力培养

著　　者：谭　丁
责任编辑：孟凡现
封面设计：延大兴业
出版发行：延边大学出版社
社　　址：吉林省延吉市公园路 977 号　　邮　　编：133002
网　　址：http://www.ydcbs.com　　E-mail：ydcbs@ydcbs.com
电　　话：0433-2732435　　传　　真：0433-2732434
制　　作：山东延大兴业文化传媒有限责任公司
印　　刷：延边延大兴业数码印务有限责任公司
开　　本：787×1092　1/16
印　　张：13
字　　数：190 千字
版　　次：2022 年 3 月 第 1 版
印　　次：2022 年 3 月 第 1 次印刷
书　　号：ISBN 978-7-230-00415-2

定价：56.00 元

作者简介

谭丁，女，汉族，河南濮阳人，研究生，讲师，现任职于濮阳职业技术学院就业创业中心，研究方向为英语教育及就业创业教育。

前 言

随着我国高校持续扩招，高职在校生人数不断增加，与此同时，高职毕业生面临的就业压力也越来越大。高职教育越来越注重对学生就业能力的培养，其主要培养的是技术应用型人才，对于高职英语教育来说，也应当以此为培养目标。虽然高职英语教育旨在帮助学生获得基本的英语知识和技能，但最重要的还是使学生为未来的工作做好准备。如何使高职院校英语专业的毕业生更好地满足经济社会发展的需求，提高学生的就业能力，是高职英语教师应当思考的重要问题。

本书针对部分高职院校过分强调传授知识而忽视就业能力培养的弊病，提出了在高职院校英语教学中，要明确教学目的，创新教学方法，注重实践教学，培养学生的英语语言运用能力，让学生在校期间能真正学到实用的英语知识与技能。

笔者多年来一直从事英语教学和学生就业创业教育工作，并对以就业为导向的高职英语教学进行了初步探索和研究。本书内容主要包括高职英语教学的现状、高职英语专业学生的现状、影响高职英语专业学生就业能力的因素、在高职英语教学中培养学生就业能力的途径、高职英语教学与创新创业教育等。

由于时间仓促，书中难免存在不足之处，望各位读者不吝赐教。

目 录

第一章　英语教学概述

第一节　英语教学的内涵

一、英语教学的定义

对教师而言，教学是引导学生学习的教育活动；而对学生来说，教学则是在教师引导下的学习活动。教学是一个师生互动的过程，是教师教的过程，也是学生学习并得到全面发展的过程。

英语教学的含义，具体来说，包括以下内容：英语教学是有目的的活动，在不同学段、学年、学期，不同的教材、单元、课文、活动中有着不同的教学目标，而教学目标又可分为不同的领域或层次；英语教学具有一定的系统性和计划性；英语教学需要具体的内容，即英语词汇、语法、写作、阅读等具体知识和技能的传递；此外，英语教学还需要采用一定的教学方法和教育技术。

通过以上论述，我们可以将英语教学的定义概括为：教师依据一定的教学内容，具有一定的教学目的，借助一定的教学方法和技术，引导学生认识世界，学习和掌握英语知识与技能的系统性的教育活动。

二、英语教学法的定义

英语教学法是一门研究英语教学规律的科学。

在《现代汉语词典》中，“方法”的释义是：“关于解决思想、说话、行动等问题的门路、程序等。”在英语教学中，英语教学法大致可以分为三个层面：微观层、中观层和宏观层。

微观层的英语教学方法是指具体的英语教学技能技巧。在这个层面上，“方法”一词不是英语教学的专用术语，而是日常用语，意为“解决某一具体问题的某一具体做法”，可称其为“技能”或“技巧”，如语音教学中的跟读法、词汇教学中的默写法、语法教学中的演绎法和归纳法等。

中观层的英语教学方法是指英语教学中的某些规律性的、固定的“套路”，是一种较为复杂的、分为若干步骤的、系统的技巧和做法。例如，3P法、IRF法、PWP法等。

宏观层的英语教学方法是指有关英语教学的系统的理论、观点、主张和操作程序。这些理论、观点、主张和操作程序相互支持、配合，整合在一起，形成一个相对独立、完整的思想体系，如交际法、直接法等。

概括地讲，英语教学方法是有关英语教学的思想体系。该体系有两个层面：理论基础和操作程序。理论基础是指英语教学的基本理论、观点及原则等问题；操作程序是指有关教学活动具体内容的决策、技术、技巧等问题。前者是科学分析，后者是科学应用。

。

三、英语教学与教学法的关系

我们知道，英语教学法是研究英语教学规律的科学。而英语教学法的研究对象就是英语教学，具体来说，就是学生是怎样学习英语的，教师应该如何去教英语。英语教学法研究的是英语教与学的问题，因此，它常涉及的内容包括：语言是什么，学习英语是一个怎样的过程，学习英语有什么样的规律，教授英语应遵循怎样的原则，英语教学过程是怎样的，英语教学有哪些特点，教授英语可使用什么样的方法和技巧，英语教学与语言环境有何关系，教与学存在着什么样的关系，等等。英语教学法来自英语教学实践，它和英语教学实践的关系是密切的。

在英语教学实践里，教师积累了教学经验，有成功的经验，也有失败的经验。这些经验从正反两个方面加深了教师对英语教学工作的理解，并帮助其发现和认识存在于英语教学中的一些规律。英语教学法就是从英语教学实践里发展起来的。

从英语教学实践里发展起来的英语教学法，还要回到英语教学实践中去，一方面起指导教学实践的作用，使教学实践遵循一定的理论顺利进行；另一方面要接受教学实践的验证，并在教学实践里获得进一步发展。因此可以说，英语教学法的生命力存在于英语教学实践之中。

英语教学法的发展过程也是理论和实践辩证统一的过程。教师要在错综复杂的教学实践中，通过去伪存真的方式对好的方式或方法进行整理，提炼出带有普遍意义的教学规律；反过来，要用带有普遍意义的教学规律，对具体的教学情况进行具体的分析，进一步指导错综复杂的教学实践。进一步的实践产生进一步的理论，理论再应用于实践。这整个过程都依赖于教师的主观努力，即使教学规律是客观存在的，是不以人的意志为转移的，但要发现和认识它，并准确地把它表述出来，使之成为教学理论，也并非易事，所以认真钻研和思考是十分必要的。同样，要想准确而恰当地应用具有普遍意义的教学规律去指导错综复杂的教学实践，使教学规律发挥作用，产生效果，也并非易事，也需要认真分析教学里的实际情况，掌握教学规律的实质，然后才能使之奏效。要发展英语教学法，提高英语教学的质量，教师就必须要在这个发展过程中的每一个阶段下功夫。

第二节　英语教学的基本原则

一、兴趣原则

兴趣是推动学生不断前进的强大动力。对于学生来说，英语学习的兴趣在很大程度上决定着英语学习的效果。事实上，很多学生一开始对英语学习并不是排斥的，这是他们对英语学习的天然兴趣，以及对新鲜事物和对异国语言与文化的好奇所致。然而，在实际的英语教学中，由于教师教学方法不当、考试体系不科学等，学生的学习兴趣并未得到很好的维持，而教师也未能对学生学习英语的兴趣给予进一步的激发与培养。因此，教师要从自身出发，努力激发和培养学生学习英语的兴趣，具体来说，可在以下几个方面做出努力：

（一）了解学生真正感兴趣的问题

教师只有了解了学生真正感兴趣的问题，才能够因需施教，真正激发学生的学习兴趣。而要想激发学生学习英语的兴趣，教师应注意发现和收集学生感兴趣的问题，并把这些问题作为设计课堂教学活动的素材。例如，在讲授英文字母时，可以编排英语字母体操来调动学生的兴趣；在教数字时，可以请学生收集自己家里所有的数字。这些活动与学生的生活密切相关，学生会比较感兴趣，这样就能很好地调动学生学习英语的兴趣。

（二）了解和鼓励学生的进步

善于发现学生的进步，多鼓励、表扬，是培养学生兴趣的一个有效方法，可以培养学生的自信心和成就感。对于学生来说，学习的效果好，可以在很大程度上维持他们的学习兴趣。在英语教学中，教师可以通过灵活采用奖品激励、荣誉激励、任务激励、情感激励等多种方式，对学生所取得的进步给予鼓励，兴趣也会在这种激励中被逐步培养起来。

（三）挖掘教材中学生感兴趣的内容

教材在英语教学中有着举足轻重的地位。教师要想最大限度地调动学生的积极性，就要认真研究教材，挖掘教材中学生感兴趣的内容，以保持每节课的新鲜感，保证教学的内容能让学生感兴趣。

（四）改变传统的英语教学与评价方式

传统的英语教学存在过于强调死记硬背、机械性操练的倾向。一定的死记硬背和机械性操练的活动在英语学习中虽然不可缺少，但要注意此类活动不宜太多。过多的机械性操练很容易导致教学的死板与乏味，容易使学生减少甚至失去对英语学习的兴趣。因此，教师在英语教学中应努力创设知识内容、技能实践和学习策略需要的情境，以开发学生学习英语的思维，帮助他们加速英语知识的内化过程，使他们能够在英语交际实践中灵活运用听、说、读、写的知识与技能，最终使英语知识变为自己进行交际的工具。通过此种教学方式，学生不仅能够提高交际能力，同时，综合素质也会得到相应的提高，学生的学习兴趣也会因良好的学习效果而得到巩固与加强。

此外，英语课程的评价方式应由传统的终结性评价转变为形成性评价，采用的操作方式也应该是学生在平时的教学活动中常见的，应重视学生的态度、参与的积极性、努力的程度、交流的能力以及合作的精神等。除形成性评价外，针对学生不同阶段的考试，可以采用笔试与口试相结合的方式。这两种方式所考查的能力不同，笔试主要考查学生听和读的技能以及初步的写作能力，口试主要考查学生实际的语言应用能力。

二、以学生为中心原则

以学生为中心是英语教学的首要原则，因为学生始终是教学过程中的主体。教师在教学的过程中，必须以学生为中心，发挥自己的指导作用，为学生创造学习条件，随时给学生提供帮助，调动学生的学习积极性。总之，教师的一切教学工作都应围绕学生的需要而进行。

教师的主导作用在于帮助学生学习。在学生遇到困难的时候，教师要及时引导，帮助学生找到解决问题的办法；看到学生愿意接受学习任务且跃跃欲试时，教师应该给予学生更多锻炼的机会；看到学生的学习情绪不高时，教师要及时予以鼓励，提高学生的学习热情；当学生在学习上取得成绩时，教师要及时提出更高的要求，使学生始终保有目标，继续努力。

要求教师以学生为中心就是要求教师的心里要时时刻刻装着学生，应把教建立在学生的学之上，教学的一切工作都要围绕学生的学习进行。在备课、教课、课后批改学生作业时，教师都要考虑学生的心理和需要，注意学生的表情和反应，分析学生掌握知识的情况，安排和调整自己的教学方法和步骤，以适应学生的需要。只有以学生为中心，才能让学生明确学习意义、学习内容和学习目标，明确奋斗的方向，看到自己已经取得的成就，在学习里既有目标，又有学习的信心，这样才能在学习的道路上勇往直前。

三、循序渐进原则

在英语教学中，贯彻循序渐进原则时应注意以下几点：

（一）从听、说技能的培养过渡到读、写技能的培养

通过英语课堂中的听、说教学，学生可以学到正确的语音，掌握基本的词汇和基本的句子结构，进而为读写能力的培养奠定基础。而且，英语教学从听开始，也符合我国英语教学的实际情况。英语作为一门外语课程，对于我国绝大多数学生来说，缺少英语的语言环境，而“听”便成了他们获取英语知识和纯正的语音语调的唯一途径，也只有具备了一定的听的能力，才能听清和听懂别人说的英语，充满信心地用英语与别人进行交谈，也才能确保英语教学顺利、有效地进行。因此，在整个英语教学过程中，教师都要尽量为学生创造一个良好的语言环境，培养学生听的能力，并在此基础上，结合相应的听力内容，循序渐进地培养学生的口语表达能力。听、说、读、写是英语的四项基本技能，是需要全面发展的，但在英语初级阶段的学习中，特别是起始阶段，教学应先从听、说入手，然后进一步培养学生的读、写能力。

（二）语言知识学习从口语过渡到书面语

英语包括口语和书面语两种形式，从语言发展的历史来看，口语先于书面语。人类在几十万年前就开始说话，但文字的出现要比口语晚得多。这就

决定了英语学习要从口语开始，然后逐渐向书面语过渡。口语里出现的词汇比较常用，而且大都是日常生活用语，句子结构也相对简单，与书面语相比更容易学习。通过对口语的学习，学生可以很快地获得与日常生活相关的交际能力。

（三）语言知识与使用语言的能力不断循环与深化

在英语教学中，要使学生掌握一个语言项目是不可能一次完成的，它需要进行多次循环巩固，而且这种循环每一次都是对前一次的深化。例如，关于名词的单复数问题，在开始阶段只是要求学生知道在英语中名词有单复数形式，然后随着学习的逐渐深入，学生了解了规则名词复数变化的规律，最后再掌握不规则名词的复数形式。在具体的课堂教学中，教师应该注意在学生已有的语言知识和已经熟悉的语言技能的基础上，讲授新的知识，培养新的技能，还必须适时地复习前面的内容。

四、交际性原则

英语学习的最终目的是交际，因此英语教学也始终应坚持交际性原则。英语教学的首要目标就是培养学生的交际能力。具体来说，就是培养学生能够运用所学的语言知识在不同的场合与不同的对象进行有效、得体的交际。遵循交际性的教学原则，教师在英语教学中应努力做到以下几点：

（一）认清英语教学的性质

要想落实交际性目标，首先需要认清英语教学的性质。英语教学是一种技能培养型教学，在教学中，教、学、用三个方面构成一个有机的统一体，这三者之间是一种相辅相成的关系，其中“用”处于核心地位。与学习游泳、学习踢足球类似，使用英语进行交际的能力是在使用的过程中培养出来的，只有理论没有应用，很难达到预期的目标。因此在教学中，教师应多给学生提供运用英语的机会。

（二）将英语作为一种交际工具来教

英语是一种交际工具，英语教学的目的是培养学生使用这种交际工具的能力。使用交际工具的能力是在使用当中培养的。英语教学中的交际原则要求教师要将英语作为一种交际工具来教，也要求学生把英语作为交际工具来学，还要求教师和学生在课上、课下都将其作为交际工具来用。

教学活动要与英语交际紧密地联系起来，力争做到英语课堂教学的交际化。在英语教学中，教师不是单纯地教授英语知识，而是通过操练，培养学生用英语进行交际的能力。教师要尽量利用教具为学生创造适当的情境，协助学生练习用英语来交际。这样学生不仅能学得有兴趣、有成效，而且能真正体会英语的用处，学了就会用。教师从教的第一天起就应该这样做，还要一直做到底。

（三）在教学中创设交际情境

在传统的英语教学中，很多教师只偏重语法结构的正确性，学生通过这种教学并不能具备良好的英语交际能力。要想让学生具备使用英语进行交际的能力，也就是说能够在适当的地点、适当的时间，以适当的方式向适当的人讲适当的话，教师就应在英语教学中创设情境，开展多种形式的交际活动，以此来提高学生应用英语的能力。我们知道，利用语言进行的交际总是发生在特定的情境之中。情境包括时间、地点、参与者、交际方式、谈论的题目等要素。在某一特定的情境中，某些要素，如讲话者所处的时间、地点以及本人的身份等都会制约其说话的内容、语气等。而且，在不同的情境中，同样的一句话可以表达不同的意思。因此，在英语教学中，教师要把教学的内容置于一种有意义的情境之中，这样才有可能让学生充分理解每一句话所表达的意思。另外，在一定情境中进行的英语教学还可以使学生身临其境，增加其学习英语的兴趣。因此，英语教学活动要充分结合教材的内容，利用各种教具来开展各种情境的交际活动，这样对学习和教学都会产生有利的影响，收到不错的教学效果。

（四）结合学生的生活来选择教学内容与活动

在进行英语教学时，现实生活这个因素也是需要考虑的，因为语言总是与现实生活密切联系的。因此，在英语教学中，教师应把语言与学生所关心的话题结合起来，给学生提供足够的、内容丰富的、题材广泛的、贴近其生活的信息材料，这样的材料由于具有一定的现实性，因此容易使学生产生共鸣，从而调动学生的兴趣，也能促使他们认识到学习英语的目的在于交际，而不是应付考试。另外，由于英语教学内容具有真实性，因此要求教材的语言和教师的语言也都是真实的。具体说来，就是教材的语言和教师的语言不是为了方便教学而人为编写出来的，而应该是英语本族语人在交际过程中所使用的语言。

五、灵活性原则

坚持灵活性原则一方面可以增加学生学习的兴趣，另一方面是由语言本身的性质决定的。因为英语是人们生活的一个必要组成部分，其本身就是一个充满活力、不断发展的开放性系统。因此，只有在教学方法、语言学习和语言使用方面做到灵活多样，才能使英语教学富有情趣。灵活性原则要求教师在教学过程中做到以下两点：

（一）英语教学中使用的语言应具有灵活性

英语教学不应只是让学生认真听讲和记好笔记，因为英语学习的关键在于使用，应让学生参与到教学中，运用英语来实现目标、体验成功。作为教师来说，要想带动学生使用英语，可以通过自身灵活地使用英语来实现，为学生树立模仿学习的榜样，同时创设运用英语的氛围。例如，教师可以适当地用英语组织教学，用英语讲解、提问与布置作业等，这样有利于使学生感到他们所学的英语是活的语言。教师还可以布置具有灵活性的作业，让学生在课下也灵活地使用英语。作业的布置并不是随意性的，应侧重于实践能力的培养，如可以让学生用手机录制口头作业，轮流进行值日报告，陈述、评议时事等。

（二）英语教学中采用的教学方法应具有灵活性

在英语教学中，教师应采用灵活的教学方法，主要包括以下三个方面：

（1）在英语教学史上出现过许多种不同的教学方法和流派，如语法翻译教学法、交际教学法、视听教学法等，但每种方法对于教学并不具有普适性，它们都有其自身的优势与不足。因此，教师应该兼收并蓄，集各家所长，不能拘泥于某一种所谓流行的教学方法。

（2）英语教学内容具有多样性。如以英语的内容为标准，可以把英语教学划分为两种：一种是语言知识的教学，包括语音、语法、词汇等内容，而且不同的语音、不同的语法项目、不同的词汇所具有的特点也是不同的；另一种是语言技能的教学，主要包括听、说、读、写四个方面。

（3）从学生自身来看，由于他们在个体方面存在着很大的差异，因此，在英语教学中要综合学生、教学内容以及教师自身的特点，创造性地开展多种多样的教学活动，灵活运用教学方法和教学内容，保持英语课堂的新鲜度与趣味性，从而使学生学习英语的热情得到激发，学习的兴趣得到培养，逐渐帮助学生探索与掌握英语学习的规律。

六、真实性原则

真实性原则也是英语教学中的重要原则。贯彻真实性原则有助于学生更好地理解英语教学的实质，从而全面提高学生的英语综合运用能力。实现英语教学的真实性必须做到以下几个方面：

（一）采用语用真实的教学材料

教学材料不仅包括课文，还包括例句、课内外训练材料等所有供学生学习的材料。英语教师在教学前应从语用的角度认真分析课文，不仅要分析课文语句的结构意义，更要着重把握语句的语用意义，了解语句使用的真实语境，研究语句中包含的情感、态度、语气、意图等，准确把握课文中所有语句的真实语用内涵，同时从已有的教学用书中选择语用真实的教学例句和课内外练习。这样就可以在教学前指向语用教学，而且明确指向以培养英语综合运用能力为目的的语用教学。

（二）把握真实语言运用的目的

英语教学的最终目的是培养学生的英语综合运用能力，这种能力是一种语用能力。这里的语用目的不是语用学概念，而是指教学内容体现在语用能力方面的教学目的，主要表现在如下三个方面：语句的语用功能目的、对话语篇的语用功能目的以及短文语篇的语用功能目的。

（三）设计组织语用真实的课堂教学活动

课堂教学是通过一系列的课堂教学活动来完成的。呈现、讲解、例释、训练、巩固等课堂教学活动都要与语用能力的培养密切相关。对学生语用能力的培养要贯穿于英语教学的全过程，融于语言学习各环节的学习和训练之中。在这些教学活动中，英语教师应基于语用真实的指导思想来设计教学活动。呈现、讲解时，不仅要呈现、讲解教学内容的真实语义，还要明确呈现、讲解教学内容的语境和言外之意。例释环节中所有的例句不仅要语义真实，其语境和语用意图也要真实。进行训练和巩固时不仅要进行真实语义的训练和巩固，更要关注如何在恰当的语境下表达恰当的语用意图。总之，所有教学活动都要充分考虑语用的真实性。

（四）编排语用真实的教学检测与评估方案

对于教学来说，教学检测与评估有着很大的反馈作用。教师通过编排语用真实的教学检测与评估方案，可以发现学生的语用能力还存在哪些不足之处，从而调整教学进度。教学检测与评估方案既要符合检测的基本原理，更要注重检测的运用能力；不仅要语义真实，更要语用真实，否则就会误导教学，弱化对学生英语综合运用能力的培养。语用真实会引导学生在学习中更自觉地去把握学习内容的真实语用内涵，从而进一步强化学生运用英语的自我意识，而这必将促进学生更有效地获得英语综合运用能力。

七、背诵与练习相结合原则

事实证明，大量背诵课文与大量做练习相结合是学好英语的普遍有效的方法。因此，有必要把这一点提高到原则意义上来加以认识和贯彻。

背诵范文是学生学习语言行之有效的方法。背诵大量好的英语文章或段落会对学生以后的学习产生诸多益处，如有利于正确、熟练地掌握语音和语调，有利于巩固语法和词汇，有利于提高口语与书面语能力等。

同时，大量的背诵是通往真实交际的重要途径之一，其是作为预备性的语言练习和巩固性的语言练习的重要形式来使用的。大量的背诵只有同多种练习紧密结合、及时配合、穿插呼应，才能起到有效的作用。也只有这样，背诵才能得到真正的检验，才会达到交际的目的。

可见，背诵与活用基本上是同步的。只有将二者结合，才会使英语学习的效果更加明显。一篇课文的背诵至少经过三个层次：尝试性的背诵、半熟性的背诵、流利性的背诵。围绕一篇课文的多种练习也是多层次的：改变人称和时间、同义词句代换、提问题、回答问题、扩展课文、压缩课文、复述大意、模仿作文、改变体裁、交流读后感等。在背诵与多种练习互相支撑、互相补充的作用下，学生将不会因为大量背诵而苦恼，反而会将二者的结合作为一种学习的乐趣。

八、巩固性原则

巩固性原则要求学生在学习中牢记已经学习过的英语知识和技能。具体来说，就是要求学生的英语基础知识牢固，能够熟练地运用英语进行交流和学习。每一节课，教师都应该让学生明白所讲的内容，就是应该懂的是不是懂了，应该会的是不是会了，应该记住的是不是都记住了。学生不能不懂装懂，教师更不能不管学生能否接受而一味地讲授新知识。贯彻巩固性原则要注意以下几个方面：

（一）注重当堂巩固的重要性

掌握知识和技能的客观规律要求学生在学习新的内容以后立即进行巩固。学生学习英语最大的障碍就是遗忘，这种遗忘往往是从刚开始学习后就立即开始的，而且在学习的最初阶段遗忘速度最快。刚学的单词如不加以多次强化重复，就会马上忘记。正因如此，教师在教学过程中要特别注意立即巩固。教完一个新知识点就要马上进行巩固，这样就会使学生记得比较牢固。如果一味地教授而没有进行当场巩固，学生就很容易忘记，无法取得良好的效果。

例如，当教授单词的用法时，某个单词可能表示几种意思，教师要围绕词义举一些例句，举例后可领读例句，然后请学生参照范例造句。这样一方面可以检查学生是否已经理解、会用，另一方面可以进行当场巩固。还可以采用教师读例句，请学生译成中文，或教师说中文例句，要求学生译成英语，或利用某个单词进行问答练习的方式进行巩固。如果是刚刚讲授一篇对话课文，可先由教师和学生进行示范对话，然后按小组进行对话练习，最后再指定学生上讲台进行对话。这些当堂巩固的方法都能收到良好的效果。

（二）组织经常性的复习

当堂巩固固然重要，但仅依靠当堂的巩固并不能使学生牢固地掌握已获得的知识和技能。

在英语教学过程中，教师还必须有计划地进行经常性的复习，这样才能够帮助学生熟练地掌握英语知识。组织复习时应注意以下几点：

（1）复习在英语课的每一课时都可以作为一个步骤来进行，起到一个承上启下的作用。

（2）在教学的各个步骤或各种练习中都应该注意新、旧材料之间的联系，这样既是在学习新知识，也是在复习旧知识。

（3）组织定期的阶段性复习。如果平时不注意复习，只到期末进行总复习，时间就会显得比较紧，前面学过的知识也容易被遗忘。因此，教师在拟订学期教学日历时就要加以注意。每学期可以安排若干次的阶段复习，并且要进行测验，以达到监督学生学习和检测学生学习效果的目的。

九、精讲多练原则

精讲多练要求教师在教学过程中，既要重视讲的作用，又应保证练的强度，把讲和练的作用结合起来，发挥师生两方面的积极性。同样，英语课堂上的工作也不外乎讲和练两种，前者是指讲授语言知识，后者是进行语言训练。在课堂上，适当地讲授一些语言知识是必要的，可以提高学习的效果。就如同学习滑冰一样，在上冰之前，教练讲解一些滑冰的动作要领，可以提高学生在冰上训练的效果。但是，英语首先是一种技能，技能只有通过实际训练才能获得。所以，教师必须清楚，讲解的目的在于帮助学生更好地训练，而不是讲解本身。教师可以采取多种形式的语言训练活动。在语言训练的过程中要针对学生的具体问题给予“画龙点睛”式的点拨。当学生掌握了一定量的语言事实后，教师就要进行适当的总结，使学生的认识条理化、系统化，这不仅有利于培养学生的语言交际能力，还有助于学生养成良好的学习与思维习惯。

十、可持续发展原则

坚持可持续发展原则主要包含以下两个方面的含义：

（一）帮助学生掌握正确的学习策略

学习策略是指学生为了有效地学习和发展而采取的各种行动和步骤。英语学习的策略包括以下四种：

（1）认知策略，即学生为了完成具体学习任务而采取的步骤和方法。

（2）交际策略，即学生为了争取更多的交际机会、维持交际以及提高交际效果而采取的各种策略。

（3）调控策略，即学生对学习进行计划、实施、反思、评价和调整的策略。

（4）资源策略，即学生合理并有效利用多媒体学习运用英语的策略。

学生的学习成绩受多方面因素的影响，如学生的心理特点、健康状况、学习基础、学习动机、学习策略、教师的水平、学习的环境、班集体的影响以及家长的影响等。在这些影响因素中，学习策略占据着重要的地位。学生如果在学习的过程中采用了科学、正确的学习策略，便可以有效节省时间，并能避免走弯路，使得学习的效果更佳。因此，在英语教学中，教师应帮助学生形成适合自己的学习策略，培养他们不断调整自己学习策略的能力，这样，有助于他们采用科学的途径来提高英语学习的效率，并有助于他们形成自主学习的能力，为以后的学习奠定坚实的基础。

（二）培养学生积极的情感态度

情感态度是英语教学内容的重要组成部分。陈琳、王蔷、程晓棠等学者对如何在英语教学中培养和发展积极的情感态度提出了以下建议：

（1）结合学习内容讨论情感问题。在日常的英语课堂教学中，教师要注意融入对学生积极情感态度的培养，针对学生学习过程中出现的具体问题进行具有针对性的引导，帮助学生解决情感态度方面的问题。

（2）建立情感态度的沟通渠道。情感态度的沟通和交流渠道可以通过教师在课堂教学中建立起来，例如建立融洽、民主、团结、相互尊重的课堂氛围等。有些情感态度可以集体讨论，有些问题则需要师生之间进行有针对性的单独探讨。但在沟通和讨论过程中，教师要注意尊重学生的感受，避免伤害学生的自尊心。同时，情感具有外在和内在的表现，教师要仔细观察，了解学生的情感态度，以培养学生积极的情感，消除其消极的情感。

第三节 英语教学的结构

一般来说，完整的英语教学由四个环节构成：组织英语教学、检查和复习上次英语课的内容、讲授新的英语材料、布置家庭作业。下面对这四个环节进行详细阐述。

一、组织英语教学

组织教学是英语教学的第一个环节。这个环节主要是为了保持稳定的课堂秩序，使学生的注意力保持集中，这样才能使他们排除干扰，安静地、用心地学习，提高学习效率，也使教学能够顺利进行。

（一）组织英语教学的原则与步骤

1.组织英语教学的原则

组织教学包括：教师角色的选择、指令的给予、活动的组织方式、如何对待精力不集中或无组织纪律性的学生、大班上课的组织方式、对教学步骤的控制方式等。每个教师都必须掌握处理这些问题的方式。下面介绍几种主要的组织英语教学的原则：

（1）交代指令适当。在英语教学中，指令是对学生活动的指导。指令并不是可以随便发布的，它需简短、清楚，适当配以演示，而且在交代指令前，教师应保证学生都已将注意力集中到自己的身上，这样才能保证指令发布的有效性。而在另一些状态下，如在混乱状态或当学生正忙着手中之事或私自交谈时，不宜发布指令。

在交代活动的指令时，要想保证其效果，应做到以下几点：①注意新、旧知识的衔接。②交代活动的相关信息，包括方式、目的、操作步骤、时间、反馈要求等。③检查学生对指令的理解。④让学生清楚活动如何开始。⑤终止指令要清楚，同时教师要对学生的活动进行适当的评价。评价时需要注意的是，要采取有利于学生建立自信、发现问题并且明确改进的方式。⑥最后，要留出时间供学生提问。

（2）选择适当的英语教学活动模式。教学的载体是课堂内的教学活动，而活动模式决定着学生参与的程度。常见的活动模式有全班集体活动、同伴活动、小组活动和个人活动四种。采用什么样的模式应视学习内容而定。但是，活动模式的选择应满足学生动手、动口的需求，因为学生通过参与活动来学习，而不是通过单纯听讲来学习。为使更多的学生参与英语教学活动，可采用同伴活动模式或小组活动模式。

（3）合理控制英语教学活动的时间和参与人员。一般在英语课堂中开展的活动都会有时间限定，如果学生未能在规定的时间内完成任务，教师视情况可让其继续或停止。如果让学生继续进行活动，则应明确时间界限；在继续进行活动之前还应了解学生完成的情况，如不能按时完成，则要了解不能按时完成的原因。

在完成活动的过程中，由于学生语言水平不一，完成同一任务所需时间也会不一样。有的学生能提前完成任务，而有的却可能拖延时间。对于提前完成任务的学生，如果教师安排其进行其他活动，他们就会无事可做，有可能影响其他学生，甚至对活动失去兴趣，影响以后的教学效果。在这种情况下，教师可以通过以下安排来控制参与人员的内容进度：

①给提前完成任务的同学分配额外的活动任务。例如，若提前完成任务的小组有两个以上，可以将这些小组组织在一起，对照检查任务完成的情况。②将提前完成任务的学生编到未完成任务的小组中，帮助未完成任务的小组完成任务。

（4）合理安排英语教学座次。座次的安排对教学活动的组织影响很大。固定的座次不利于同伴活动和小组活动的开展，但活动的桌椅如摆放不合适也对活动的组织不利。

2.组织英语教学的步骤

组织教学这个环节不仅处于上课的开始阶段，也贯穿于整个英语教学过程中。具体来说，就是在上课的过程中，教师应随时注意组织学生专心地、积极地参加教学活动，以保证英语教学的效果。

这个部分包括的内容一般有：

（1）师生相互问好，以便把学生的注意力吸引到教师身上来。

（2）教师登记学生缺席情况，以便日后为他们补习英语课程。

（3）值日生报告。

（4）宣布本节课授课内容和目的，把学生的注意力引到学习上来，并开始讲课。

在上面四项内容中，值日生报告需要注意以下几点：

首先，值日生报告由学生轮流进行，并不固定为某一个学生。当天值日生自由选择话题讲2～3分钟。教师边听边记录学生的错误，待学生讲完后，将学生讲错的地方写在黑板上，以供学生改正。

其次，学生在准备值日生报告时可以事先将报告内容写成文章。这一做法在某种意义上可以作为作文练习的补充。此外，也可以作为一个个别指导的重要机会，这种机会在平时是很少有的。通过板书来纠正学生的错误，有利于防止他们再犯类似的错误。

最后，要注意值日生报告的时间不能太长，因为它不是上课的主要内容。这一内容总共所花时间（包括纠错在内）最好不要超过 10 分钟。如果时间充裕，教师可补充一些与值日生报告题目有关的内容，拓宽学生的知识面。

（二）组织英语教学需注意的问题

1.教师对组织英语教学要有正确的认识

谈到英语教学中的组织教学，很多教师对它的认识都存在误区，主要表现在以下两个方面：

（1）认为组织英语教学只是在课堂教学开始时进行，而且也就几分钟，其实不然，整堂课都要随时注意组织教学，才能保证整堂课的顺利进行。

（2）认为组织英语教学就是训斥学生，这种认识显然是不正确的。

2.组织英语教学可采用适当的方法

在目前的英语教学中，一些英语教师组织教学的方式就是说教，在实际应用中这并不是最好的方法。其实，只要教师把课组织好，循序渐进地进行教学，让学生感到课堂上有收获和进步，他们就会自觉地把注意力集中在英语的学习上。当然，也有一些具体的方法可以遵循。如在组织教学时，教师不断地向学生提出问题，进行引导；教学过程中逐步提高要求，适当高于学生水平的要求有利于使学生经常处于积极状态；可以根据情况适当改变教学方式，以促使学生集中注意力；根据学生的表现，恰当地予以表扬、鼓励和批评，以表扬为主，这样有利于增强或保持学生对英语学习的信心。只要教师在英语教学中善于引导，学生是会积极配合的，那么组织教学也就不是什么问题了。

二、检查和复习上次英语课的内容

这个环节在保证教学的连续性方面起着重要作用。通过该环节，教师可以了解到上节课的教学效果，对教学的进展情况做到心中有数。这个环节在已学内容和教学新内容之间起着桥梁作用，具体来说，其是已学内容的延续，并为新内容的学习做准备。

（一）检查作业

检查作业常和复习巩固前次所学内容结合进行。教师在检查作业的同时或检查作业之后，可以根据发现的问题补充一些练习。这些练习一方面可以帮助学生巩固已学内容，另一方面也可以弥补其薄弱环节。检查的作业包括前次上课留的口头和笔头作业。笔头作业一般收齐后由教师带走进行批改。口头作业常采用口头形式来检查，因为口头形式比较灵活，方式多样，在课堂中可以包括听、说、读等多种实践活动。另外，口头作业的检查也可以以口头形式为主，辅之以笔头形式。例如在检查完口头造句后，可要求2～3 名学生在黑板上写出这些句子，这样有利于比较全面地发现问题。检查作业可以说是辅导学生的常规方式，通过检查学生的作业，教师可以及时发现学生在学习中存在的问题，然后在课堂中有针对性地给予解决。不同的检查方式所产生的作用是不同的。

（1）教师在英语课堂上集中核对学生的作业答案，可以有针对性地对典型错误进行讲评，使学生相互借鉴。

（2）教师详细地检查所有学生的作业，可以对每个学生的学习情况有所了解，以便有针对性地解决学生的问题。

（3）教师安排学生相互检查作业，不仅对提升学生的英语水平有利，还可以培养学生发现问题的能力。

（4）教师当面检查学生的作业，可以对存在问题的学生进行个别辅导，便于提升班级整体的英语水平。

在检查作业的过程中，不管是检查口头作业还是检查笔头作业，教师与学生之间都在进行着交流。在这个过程中，如果发现学生存在问题，教师要实事求是地指出，同时可以帮助学生解决一部分问题，鼓励学生自行解决一部分问题，在解决问题的同时锻炼学生自主学习的能力。需要注意的是，在上交的笔头作业中，教师一般都要写评语，这时，不能随便什么话都写，比如打击学生的话语就不能写，做得再差的作业也一定有优点。

（二）提问

对于复习时进行的提问，教师可以针对学生的回答进行评分，以作为平时成绩。提问有两种，即个别提问和全班提问。提问时一般先对全班发问，后让个别学生回答。在提问时主要有两个方面的问题需要注意：

（1）提问的项目分量要小，形式要短小、简单，化整为零，以便使更多的学生参与其中。

（2）在提问时要对学习较慢的学生给予更多的关注。在英语教学中，由于各种原因，总会有一些学术不能及时掌握，对于这些学生，教师需要对其进行必要的教学辅导，才能更好地配合英语教学。例如在英语课堂中多给这些学生回答问题的机会，刚开始向他们提出的问题简单一些，以利于提高他们的自信心，然后逐渐向他们提较难的问题，逐步提高他们的英语水平，最终使他们赶上其他学生。

三、讲授新的英语材料

讲授新的英语材料是英语教学的第三个环节。向学生讲授新英语材料的目的主要包括两个方面：使学生感知和理解新的英语材料；使学生初步运用新的英语材料。

（一）使学生感知和理解新的英语材料

在英语教学中，一定要能够使学生对所教内容理解、明白。比如，对于所教的英语单词，要使学生知道它的读音和拼写，也要明白单词的意思和用法，这样的词汇积累才是有效的；对于所教的英语句子，要使学生学习和掌握句子的读音和书写方式，并明白它的意思；对于所教的英语语法，要使学生了解有关的语法规则及其用法。在讲解时，需要采取一定的方式来进行。比如，可借助实物、模型、图画、动作、表演、情景等进行直观表达，这样有利于使学生把英语句子和单词与它们所表示的事物和概念直接挂钩，便于加深学生对其的理解；可以用英语释义，必要时也可以用汉语释义，使学生最终理解所学内容；还可以用示范或举例的方法来说明，如示范发音和朗读以让学生进行模仿，列举例句以在运用中说明单词的意义和用法等。掌握英语通常是一个理解、记忆、运用的过程，学习新的英语知识是这个过程的开始，也是完成整个过程的基础。教师讲解必须简单、扼要、有重点，暂时没有用处的或学生当时不能接受的一概不讲，这样做的目的是让学生能够先对容易的知识有初步的理解，为下一步深入的讲解做准备。能用图表和实物等直观手段的，教科书上有说明的，就不讲或少讲，以提高英语教学效率。在讲解时，通常用谈话方式，教师可提出启发性的问题，引导学生积极思维，这样有利于提高学生的自主学习能力。在讲解时，教师应通过采取有效的方法，使学生在理解的同时能记住一部分或大部分内容。

（二）使学生初步运用新的英语材料

在学生理解了新的英语材料以后，还要使学生做到初步运用新材料，这样可以检查和加深学生对新材料的理解。初步运用和其他的练习比起来，是最简单的，其主要内容包括朗读、简易的替换练习、复述语法规则、讲解句子或语法的意义、举例说明单词的用法和语法规则。

教师对讲授新的英语材料这个环节包括的两个目的及其关系一定要正确地看待。理解是一个由浅入深、由不完善到完善的发展过程，在该过程中，理解有助于模仿、操练与应用，而反过来，模仿、操练与应用又能加深理解。知其然与知其所以然都是理解。对模仿来说，知其然是完全必要的。经过一个阶段的模仿、操练和应用后，随着学生学习英语材料的增多，在适当的时候，在英语教师的引导下，很多学生都能够从掌握的感性材料里得出理性的认识，做到知其所以然，有助于学习效果和质量的进一步提高。因此，对于理解、模仿、操练、应用之间的关系应当辩证地看待，并根据实际需要恰当地处理它们的关系，以帮助学生理解与初步运用所学的新材料。

四、布置家庭作业

布置家庭作业是英语教学的第四个环节。教师在英语课堂快结束前要根据教学的目的和课堂教学进行的情况，给学生布置家庭作业，以巩固课堂教学的成果。家庭作业可以帮助和指导学生在课下进行学习，这能给学生带来很多积极作用，如有利于充分发挥学生课后学习时间的效用，培养良好的学习习惯等。英语教师在布置家庭作业时不可盲目或随意，否则很容易给学生带来学习上的负担，教师需要清楚合理的家庭作业在英语教学中能起到良好的辅助作用。比如课堂上学生在某个方面表现得弱些，可以有目的地适当布置一些相应的练习，以弥补学生的弱点；课堂上如果口语练习做得比较多，笔头练习相对做得少，那么可以多布置一些笔头的家庭作业，以充分而有效地利用课外时间，弥补笔头练习的欠缺。

这个环节使英语教学延伸到课外，可以起到巩固和提高教学成果的作用，有时也能起到为下次课做好必要准备的作用。教师要想使课外作业达到预期的效果，应注意以下几个方面：

（1）说明作业的目的和方法，如果作业是一种比较新的形式，教师要在课堂上做示范。

（2）分量适当，不给学生增加过多的学习负担，也不能时有时无，时多时少。

（3）体现教师讲课的重点和难点，课外作业能帮助学生进一步掌握这些重点和难点。

（4）难度适当。

第四节　英语教学策略

一、英语教学策略概述

（一）英语教学策略的概念

“策略”原来是一个军事用语。《国际教育大百科全书》对“策略”的解释是：对大规模军事行动所做的计划和指导。随着社会的发展，“策略”

这个用语已逐渐变得普遍，延伸到工作和生活的每个领域，比如 “讲话策略”“谋职策略”“经商策路”“教学策略”等。从语义学角度上说，策略包括两个方面的内容：一是根据形势发展而制定的行动方针和斗争方式；二是讲究斗争艺术，注意方式方法。

策略在教学领域中也有应用，其分为学习策略与教学策略。其中，教学策略是指教学活动的顺序安排和师生间连续的实质性交流，它所采取的教学行为的目的是实现课堂教学预期的效果。而关于“教学策略”一词，是在20世纪60年代以后，由以美国匹兹堡大学的罗伯特•格拉塞为带头人的一批认知心理学家首先使用的。教学策略教学中所起的作用很重要，教师在教学过程中有自己一贯的处理问题的方法，长久下来就会形成教师的教学风格，进而影响教学效果。现代教育思想认为，教师在教学中的角色有两个：一是教学任务的执行者，二是教学活动的决策者。教师要想扮演好决策者的角色，就应该注重对教学方法的合理选择，并在遇到问题时能够创造性地运用教学方法，努力实现由灌输型教师向研究型教师的转变。

目前，对于英语教学策略的含义，教育界还没有形成统一的定论，研究者们对于英语教学策略概念的描述大概有三种，归纳如下：

（1）英语教学策略体现为一种英语教学思想，可以看成是一种英语教学观念或原则，属于教学设计的一个组成部分，其表现方式有教学方法、教学模式和教学手段等。

（2）英语教学策略是有效解决英语教学问题的方法、技术的操作原则及程序，它所采取的一系列教学方式和行为都是围绕着一定的教学目标而进行的。

（3）英语教学策略是指教师为达到英语教学目标而制定的教学措施，

它是教学方法、步骤及行为方式的综合，且所采用的方法等符合学生的认识规律。

根据以上三种英语教学策略的概念，可以对英语教学策略的概念做一个概括：英语教学策略是指教师为实现最佳的英语教学效益，在一定教学理念的指导下，根据自己对具体教学任务以及教学情景的理解和认识，采取能够对英语教学活动起调节作用的系统的行为或措施。

事实上，英语教学策略就是教师教学理念的具体化。例如，为了复习学过的动物单词，教师可以设计一项语言任务而不是单纯讲解，让学生采取的学习形式可以是小组合作，具体来说就是让一个组员用英语来描述动物的特征，组内别的成员猜是什么动物。这样的教学策略充分体现的教学理念是"以学生为中心"。在制定或执行教学策略时，需要注意以下几点：

第一，英语教学策略需在教学理念的指导下才能实施，否则就会杂乱无章，达不到教学目标。

第二，英语教学策略的实施不能一蹴而就，需要有一套体现具体教学活动的独特的操作程序和步骤。

第三，英语教学策略并不是固定的，它可以根据情况尽心灵活变动。

第四，任何教学活动都有具体的教学目标，教学策略作为英语教学活动的组成部分也不例外。因此，教师在实施教学策略时必须对教学目标具有清晰的认识，并在目标实现的过程中灵活运用教学方法，以期达到教学目标。

（二）英语教学策略的特点

1.英语教学策略具有指向性

对于英语教学策略的选择不可以主观随意，要有一定的针对性，指向一定的目标。也就是说，英语教学策略要指向特定的问题情境、教学内容、教学目标，并以此规定教学活动。只有在具体的条件下，在特定的范畴中，教学策略才能发挥出它的价值。一旦教学环境、教学内容等因素发生了变化，教学策略也要随之发生改变。比如，在教学前，教师即使已经考虑了可能出现的情况，但在具体的教学过程中，一些预测不到的偶然性事件还是会出现，这时教师要做到随机应变，对于所选择的教学策略进行适当改变，以确保达到教学目标。

2.英语教学策略具有操作性

英语教学策略是基于教学目标中的具体要求而形成的。然而任何教学策略的制定和实施都要求能够操作，也就是说，其可以转化为教师的外部行为，最终通过外部行为来达到教学目标。否则便无法在教学活动中实施以实现其实际价值，即使制定的教学策略再有创意也没有意义。因而，英语教学策略必须具有可操作性，才能实现教学目标。

3.英语教学策略具有调控性

教学策略不是万能公式，并不存在能适应任何情况的教学策略，其灵活性很大，可以根据具体情况进行适当的调控。同时，元认知理论也认为主体能够根据活动的要求，选择适当的解决问题的方法，监控认知活动的进程，不断获得和分析反馈信息，及时对自己的认知过程进行调控。在教学活动中有元认知过程的参与，就使得教学策略的调控性成为可能。具体来说就是教师能够对自身所选择的教学策略进行自觉调节，及时把握教学过程中的各种信息，如果教学过程中的某个因素发生了变化，根据教学策略的调控性能够及时对其进行反馈和调整，从而保证教学活动的正常开展与目标的完成。

4.英语教学策略具有层次性

教学具有不同的层次，那么适用于不同教学层次的教学策略也不同，即教学策略也具有层次性。不同层次的教学策略的适用条件和范围不同。另外需要注意的是，相邻层次的教学策略之间是相互联系的，高一层次的教学策略可分解为低一层次的教学策略，并对低一层次的教学策略起着指导和规范的作用。

（三）英语教学策略的分类

弄清英语教学策略的分类，对英语教学活动有着很大的意义：一方面，可以有针对性地进行教学实践，提高教学质量；另一方面，通过对教学策略更系统、更深入的研究，为教学实践提供重要的理论指导。依据不同的标准，英语教学策略有着不同的分类，主要有以下几种：

1.根据英语教学策略的特点划分

根据自身的特性，英语教学策略可分为普遍性英语教学策略和具体性英语教学策略。

（1）普遍性英语教学策略

这一教学策略是指适用于听、说、读、写、译等各类教学内容的策略。在英语教学中，教师主要在课堂中对学生进行传道、授业和解惑，因此有效的课堂教学尤其重要，这离不开教师对课堂教学的精心组织和合理安排，以确保课堂教学能够顺利进行。教师在课堂教学进行的过程中要就学生对已学知识的复习情况和对新知识的接受情况进行检查，而这一目的经常通过开放性、发散性、理解性等系列问题来达到。学生在学习过程中经常会出现问题，这时教师要采用各种方式对学生进行鼓励、引导和启发，激发他们的学习热情，使他们能够保持参加课堂活动的积极性，增强自信心。另外，教师还要对学生学习中存在的问题、任务的完成情况、目标的完成度和策略的使用情况等进行评估，以指导学生更好地学习，也为自己的教学提供借鉴。

根据上述对整个英语教学活动的介绍，可以总结出普遍性教学策略的内容包括：组织策略、提问策略、激励策略和评估策略等。

（2）具体性英语教学策略

该策略是指用于培养学生听、说、读、写、译等能力时所使用的具体策略。

2.根据英语教学过程的环节划分

根据这一划分标准，可以将英语教学策略分为英语教学准备策略、英语教学实施策略、英语教学监控评价策略三个方面的内容。

（1）英语教学准备策略是指英语教师根据教学目标要求，分析教材，组织教法，分析自身和学生的具体情况，从而制订教学计划的策略。其主要内容包括确定教学目标的策略、设计教学内容的策略、选择教学方法和媒体的策略、安排教学环境的策略等。这一策略的正确选择与有效运用是良好课堂教学的开端。

（2）英语教学实施策略是英语教师在教学过程进行中使用的策略，内容包括先行组织者策略、概念教学策略等。它是保障课堂教学完整性的一个重要策略。

（3）英语教学监控评价策略是指英语教师对教学全过程实行主动的计划、反馈、控制、评价和调节等采取的策略，其内容主要包括监控和评价两个方面的教学策略。它的采用可以保证课堂教学的流畅性，从而有利于达到预期的教学目标。

3.根据构成英语教学活动的主要因素划分

根据构成教学活动的主要因素这一标准，可以将教学策略分为方法型策略、任务型策略、内容型策略和方式型策略四类。

（1）方法型策略主要是针对教学方法这一因素来制定的，其可以具体分为讲授性策略和发现性策略。

（2）任务型策略主要是针对英语教学中的任务而言的，其可以细分为讲解性策略、练习性策略、综合训练性策略和问题定向性策略等。

（3）内容型策略是针对教学内容这一因素而言的，根据其策略的内容，可以具体分为直线式策略、分支并行式策略、综合式策略和循环式策略。

（4）方式型策略是针对教学中师生活动的方式，也就是在课堂中教师和学生的活动方式主要是以谁为中心来制定的，因此这一策略可再分为教师中心策略和学生中心策略。

4.根据改进英语教学效果的途径划分

根据改进英语教学效果的途径这一标准，有学者将英语教学策略分为两类，即指导策略和管理策略。

（1）指导策略主要是对学生的学习活动进行适度的指导所采取的策略，包括给予明确的指导和解释，引导课堂活动和讲解家庭作业，给学生足够的机会或时间接受反馈和复习先前的知识。这一策略的选用能够对学生的学习效果产生直接的影响。

（2）管理策略是指教师通过对课堂教学的适当组织、安排，使学生形成良好课堂行为习惯的策略。

（四）制定英语教学策略的依据

英语教学策略的实施包括内容的安排、教学过程的实施、教学方法的运用以及教学组织形式的选择等，这些因素决定了教学策略具有复杂多变的特性。因此，在制定教学策略时，就要对这些因素进行充分的考虑，并且要在此基础上保证教学策略的有效性，以确保教学目标的实现。综合教学过程中的教学目标、教学对象、教学者等方面的因素，我们可以总结出制定英语教学策略的基本依据，下面对其进行详细的介绍。

1.学生的认知水平

现代教学观认为应重视学生学习的主体作用，可见学生在英语教学中的地位逐渐凸显。学生的认知水平主要是指学生的学习风格、现有的知识技能水平、兴趣爱好等。这一因素决定着英语教学的起点，是制定英语教学策略的基础。因此，英语教学策略要适应学生的基础条件和个性特征，在制定英语教学策略时，就要考虑学生对某种策略在智力、能力、学习态度、班级学习氛围等很多方面的准备或接受水平，保证所采用的策略能够调动学生积极的学习兴趣和态度。而如果忽视学生的认知水平，那么所制定的教学策略往往会因缺乏针对性而不能产生好的效果。

2.英语教师自身的能力

英语教学策略由教师来执行，因而可以说制定教学策略的主观因素主要在于教师。教师在制定教学策略时要考虑自身的能力，例如教学风格、教学经验、心理素质水平以及性格等，这些都是影响教师教学能力的因素。通常教师在制定教学策略时，都倾向于选择与其教学思想、教学风格、知识经验、心理特征相一致的教学策略。这样他们就能够对所选用的教学策略进行灵活的运用，否则就可能适得其反，收不到预期的效果。例如，让一个安静内向的教师去效仿和设计适合热情奔放教师的教学策略，这样做不仅达不到教学目标，还可能会造成教师不知道该如何授课的困境，影响其能力的发挥。因此，教师在制定教学策略时，应努力发挥其主观能动性，同时克服自身能力中的不利因素，尽量做到扬长避短，才能在英语教学中有效地运用策略。经验丰富的教师能够根据各种具体的教学环境及学生的需要，制定相应的教学策略，能够把握好策略的调控性等特性。但对于新教师而言，他们最初需要更多地借鉴老教师的经验，然而借鉴不是简单的模仿。新教师在借鉴老教师经验的过程中，要能够在所学经验及教学理论的基础上进行理性的思考，在教学中实现教学内容与个性的有机结合，逐渐形成一套适合自己的教学策略，从而促进教学的有效开展。

3.英语教学内容

不同类型的课堂所采用的教学策略不同，即便是同样的课堂类型，教学策略也会因具体内容的不同而有所变动。例如，在英语听说课中，教师通常会采取让学生分角色朗读的策略，这样可以起到以下作用：一是能使学生在表演中理解词、句的意思，二是能培养学生的口语表达能力。但是在翻译课上，这样的策略并不利于课堂内容的进行，因此一般不会使用。可见，某种教学策略对于某种课型是有效的，但对另外的课型所产生的效果可能不会那么令人满意。

4.英语教学目标

不同的教学目标与教学任务需要运用不同的教学策略，例如，英语教学的初级目标是增加学生对英语课程的兴趣和信心，因此在制定教学策略时应注重趣味性和实用性，以促进目标的完成。但教学目标也不是一成不变的，它会随着教学的深入和学生知识水平的提高而发生改变，在这时，教学目标可能更侧重于知识内在的逻辑联系以及知识技能的迁移。教师应该根据已发生变动的教学目标给学生布置有一定难度的任务，激活他们的思维，培养他们自主探究的意识和能力，从而促进他们更深入、更自主地学习英语。

5.英语教学环境

任何教学活动的开展都离不开教学环境，英语教学也不例外。教学环境包括的内容主要分为两部分：有形的物质环境和无形的心理环境。例如，教学设施、校风校纪、学习氛围以及周边环境等都属于教学环境的组成部分。在教学策略实施的过程中，对其影响比较大的是学校的教学设施。例如，英语听力课采用多媒体教学，良好的听力教室、多媒体设备等都有利于学生听力水平的提高。

二、英语教学策略的设计与分析

（一）英语教学准备策略

课前准备是教学活动的第一步，其构成要素主要有三部分：教学目标、教学主体和教学材料。在设计教学准备时也应从三个方面来着手：第一，分析教学目标，包括目标关键词化、目标行为化和目标演绎三方面内容。第二，分析教学主体，其包括的内容主要有两个：一是对教师自身状态的分析，二是对学生认知水平的分析。第三，分析教学材料，其包括的内容有教学材料组织的结构化、教学材料选择的生活化和教学材料传递的情境化等。下面，笔者将对这三个组成部分的内容进行详细的阐述。

1.分析英语教学目标

传统教学理论认为教学目标有狭义和广义之分。狭义的教学目标是学校根据国家教育目的及学生生理、心理和知识的发展水平等实际情况而制订的教学计划。广义的教学目标是教育的目的或计划，因为它是把社会的需要转换成教育的要求，因此其所涵盖的范围比较广。为了完成英语教学目标，笔者将围绕教学目标进行探讨。

（1）英语教学目标关键词化

教学目标关键词化是指教师在制定某一学科的课时目标时，用明确、具体、有针对性的关键词来表述，从而使得目标具有可操作性、可检验性，促进教学目标的实现。英语教学目标分为认知、情感和动作技能三个方面，它们在英语教学中构成一个完整的体系。三种教学目标是按照由简单到高级的顺序来对目标水平进行描述的，前一种水平的技巧是后一种水平的技巧的基础。教师在制定教学策略时，应把教学目标作为一个整体来考虑，这对发展教育目标、归类、分组目标的设置都起着重要的作用。如何区分相邻分类的关键词是运用该策略最大的困难，特别是教学目标没有被清楚地陈述时，更是难上加难。为了解决这个问题，教师应积极参加年级集体备课工作，在这个过程中分享各自的观点，学习他人好的观点。

（2）英语教学目标行为化

美国俄亥俄州立大学的泰勒教授于 1934 年首次提出行为目标的概念。随后，马杰于 1962 年提出行为目标应由行为、条件、流畅水平或标准三部分组成。教师在目标行为化的过程中，应注意三个方面的内容：首先是教师应该确定学生将要做的内容；其次是教师应该描述在什么条件下，学生行为将发生什么变化；最后就是教师应对期望学生达到的行为标准或成就水平进行规定。这几项内容是教师在执行该策略时容易把握不好的，因此需要给予关注。教学目标行为化的观点引起了较大的争论，马杰和一些学者认为，目标行为化明确了教师的目标，并对学生在教学中该做什么进行指导，为检验学习的结果提供了一种系统化的方法。而欧文斯登和亨肯斯认为，目标行为化的目标量太多，程序比较烦琐，并且在执行中可能引导教师集中在低水平的认知和技能目标的层面上，从而不利于促进学生对知识的理解和全面学习。虽然对这一观点的争论众多，但从教学目标指导、测量和评价的功能来看，目标行为化的优点还是毋庸置疑的。对其进行归纳，大致可以分为以下几点：①当目标行为化后，教师能根据其内容设计出更合适的教学方案以满足学生的需要，而学生也能通过这一策略对其将要完成的学习任务有一个清楚的了解，从而更有效地利用时间，提高英语学习的效率。②目标行为化在某种程度上为教育规定了统一的标准，在此基础上，教师、学生、教育管理者和学生家长之间可以进行有效的沟通和交流，可以说它为人们提供了可以共同讨论的理论框架。③好的学习目标实际上已经把学习结果的检测方式和评价标准蕴含在内，行为目标只要稍做变化，即可用来指导测验。可见，目标行为化可以使测量变得更简单，从而有利于教学反馈与行为的调整。

实践表明，行为目标有着明显的优点，但也有其局限性。这一局限性主要表现在两个方面：一是目标行为化比较适合于低级水平的教学目标的陈述，而较高级的认知目标尤其是情感领域的目标，很难从单一的行为中表现出来；二是如果教师太拘泥于这一行为目标，就会产生只看表面而不深究心理变化的现象，这样下来会使教学误入歧途。而且有些教师由于长期受传统陈述目标的影响，对于应用行为目标普遍感到困难，对他们来说，目标一旦行为化之后，反而不易理解已经列出的行为蕴含着什么样的心理变化了。由此看来，并不是所有的教师都能够运用好这一策略，如果有的教师想把目标行为化策略应用在自己的英语教学之中，必须具备三个基本条件：①进行系统的认知心理学理论和行为心理学理论的学习，并进行必要的应用技术方面的训练；②掌握目标行为化策略的操作要求；③树立在进行教学准备时自觉运用该策略的意识。只有满足这三个条件，教师才可能有效地运用这一策略。

（3）英语教学目标演绎

在目标行为化策略中，所制定的行为目标都是非常具体的，可以进行观测、操作。但是，在执行的过程中，部分教师很可能意识不到行为背后隐含的真正的教学目标，这就会产生把英语教学局限于表面行为的现象，导致达不到真正的教学效果。针对这一缺陷，格朗伦德采用描述内在心理和外显行为相结合的目标演绎来对教学目标进行陈述。具体来说，目标演绎指教学目标是从一般教学目标到一系列特殊的学习结果，每一特殊结果又与一般目标相联系。归纳起来，目标演绎有以下特点：

①目标演绎的目的是引导教师关注学生的行为变化，它是对学生的学习行为结果进行的陈述，而不是针对教师的教学行为。

②目标演绎比较适合在陈述情感领域的教学目标时使用。因为情感领域的教学目标很多时候很难用具体的行为来体现，甚至有时行为的变化并不能说明情感得到了一定的发展，因此教师想要把握学生心理变化的实质，需借助一定的方法，而目标演绎是不错的选择。

③目标演绎没有提供行为产生的条件和相应的作业标准或者评价准则。格朗伦德认为，行为产生的条件和作业标准太具体化，容易限制教师在教学过程中的灵活性。

根据上述特点，在我国的中小学教育中，格朗伦德的教学目标陈述方式更容易被接受。

2.分析英语教学主体

教学的主体主要是教师和学生。因此，教师在课前准备时首先要充分考虑自己的认知风格和自我的监控能力。认知风格是指个体在信息加工和完成认知任务过程中个体特征的具体表现，也是一个人的稳定风格在认知活动领域中的具体体现，这种稳定风格是感知、记忆和思维过程所具有的。威特金把个体的认知风格划分为两类：一是场依存型，这类人对客观事物的知觉往往以外在参照作为依据，态度和意向比较不稳定，容易受到环境的影响；二是场独立型，这类人在认知活动中更多的是利用自己的内在参照来对信息进行理解和判断，很少受到环境因素的影响。教师在课前准备的时候，应该对自己的认知风格加以分析，对其有一个整体性的认识。

作为教师来说，除了要充分考虑自己的认知风格外，还应加强对自我监控能力的分析与认识。教师对教学的自我监控能力主要是指在教学活动之前要结合个人的风格、特点和经验，分析所面临的教学任务、教学环境、教材、教学时间、教学条件等有关因素，在此基础上确定教学目标，然后根据这一特定的目标对教学步骤进行安排，对教学策略进行选用，预先构想、设计出解决突出重点、突破难点等各种问题的可能方法，并对其可能产生的有效性进行预估，为在未来的具体教学活动实施期间监控教学进程，反馈、维持或者调整教学行为做准备。

另外，教师在英语教学中还应注重对学生状态进行分析，对学生的起点能力、认知发展水平及风格有一个正确、全面的认识。比如，确定学生是场独立型还是场依存型，其思维是整体性思维还是系列性思维等，这些都是教师课前准备的参考资料，将其都考虑进去，有利于教学的实施与完成。

3.分析英语教学材料

教学材料是英语教学内容的载体，教师所选择的教学材料一定要符合学生的实际水平。下面笔者介绍几种教学材料选择的方法，以供参考。

（1）英语教学材料的组织要具有结构性

英语作为一门课程有着自己的结构，其内部系统的主要构成要素之间有着相对稳定的组织方式或联结方式。教学材料的组织也要具有一定的结构才能满足课程的需要。教学材料的组织方式有螺旋式组织、累积式的层级组织、渐进分化与综合贯通式组织等。如果教师在组织教学材料时能够保证其结构性，就有利于学生对知识的掌握、迁移和回忆；否则，可能造成学生对知识理解的混乱。

（2）英语教学材料的选择要与生活结合

教师在选定教学内容时，要将教的内容与现实生活结合起来，把学生学习的知识与他们周围的现实生活联系起来。采取这样的方式能为英语教学带来很多好处，比如容易激起学生学习英语的兴趣，有利于学生对知识的理解和吸收等。

（3）英语教学材料的传递要情境化

教师可以利用各种情境来更有效地实现教学目的。这里的情境主要包括现实情境和创设的情境两个方面。如果教师没有现实情境可以利用，这时就可以通过各种手段来创设情境。如借助教学媒体创设生活情境、问题情境、新奇的情境等，这样即使学生没有现实生活可以联系，也可以把他们带入一种特定的氛围之中，使学生不仅能产生浓厚的学习兴趣，还可以调动他们解决问题的积极性。总之，教师通过创设各种各样的情境，并使这些情境适合问题和教学实际的需要，能更有效地利用教学材料，达到最佳的教学效果。

（二）英语教学组织策略

1.英语教学形式组织策略

在现代教育中，教学组织一般分为班级教学、小组教学和个人学习三种基本形式。班级教学是教师向一个班级的学生传递教学信息的教学组织形式，这种形式最为普遍；小组教学是教师在教学中组织班级内的学生形成不同的小组，鼓励并引导他们传递和分享教学信息的教学组织形式；个人学习是教师指导学生个人根据自己的选择，获得教学信息的教学组织形式，教师在其中扮演的是引导者的角色。在以上三种形式中，个人学习是人类历史上最早出现、最本质的学习形式。在有社会分工之前，人类都是以手口相传的形式来学习。随着人类的社会化分工，教学逐渐强调规模效益，班级应这一需求就开始出现了。在英语教学中，依据不同的教学内容、学生的基本情况等，教师所采取的形式也各有不同。比如，教师讲解课文或说明语法内容时，通常采用的方式是班级授课；在分类布置任务时，通常会将学生分成小组，以便于信息共享；而对需要记忆、背诵的内容的学习，自然是鼓励学生自己通过个人的努力去完成。教学的这三种组织形式有着各自的优缺点，适合使用的条件和对象也不同。因此，在具体的教学中，教师通常不会只采取某一种组织形式，而是根据具体情况，结合使用三种不同的组织形式。

2.英语课外活动组织策略

我国的英语学习是在汉语环境下进行的，因为没有语境，往往缺乏真实性，而且在教学中还存在英语学习时间不足的问题。那么，课外的英语学习活动，如自行看英文电影、看英文电视节目、阅读英文小说、用英语写电子邮件或者直接与英语本族语者交谈等，可以说是实现英语教学目标的必要的补充性教学活动。通过组织丰富多彩的课外活动，学生能对所学的语言知识和技能有深刻的理解，如果长久进行，有利于增强学生将所学知识和技能加以应用的自觉意识，逐渐培养英语交际能力。教师在组织英语课外活动的策略时，有以下几个问题需要注意：

（1）教师在组织课外活动的过程中应起引导的作用。例如，学生想要在课外阅读英文小说，教师只需向学生推荐即可。当然，教师在课外活动组织过程中不可干预过多，否则就会对学生的积极性造成一定程度的打击。

（2）课外活动分为大型的课外活动和小型的课外活动两种，在英语教学中具体采用哪种类型要视情况而定。一般来说，戏剧表演是可以定期开展的大型的课外活动之一，可用来巩固和评价学生所学语言知识和技能。这类课外活动具有创造性的特点，对发挥学生的主观能动性非常有利，同时还能促进学生之间的团结与合作。英语角活动、英语歌唱比赛活动、朗诵英语报刊活动或手抄报评比活动等带有综合性的特点，这类实践活动也属于大型的课外活动，它们为学生运用所学语言知识和技能提供了很好的机会，而且在实践中，学生相互合作，有利于培养集体荣誉感。需要注意的是，这类大型的带有综合性特点的实践项目在开展前应该做好充分的准备工作，一般来说，有一个主题明确的活动方案、相应的图示和文字说明是很必要的。

在英语教学中，经常组织的课外活动多是小型活动，通常由学生一个人或一组即可开展。例如，用英语写日记，有条件的学生可以建立自己的英语博客；学唱英语歌曲，这类活动是练习语法结构、语音规则、词汇和句子韵律等内容的有效方式。

（3）开展课外活动的目的是巩固已学知识和已经形成的语言技能，因而这类活动应定期开展，而且安排时间也要适当，通常时间可安排在期中、期末时，也可以安排在举办英语节、艺术节时等。值得注意的是，此时参与者在活动中是否使用英语应作为对其学习表现或作品的重要评价标准之一。

3.英语自主学习活动组织策略

自主学习活动强调应根据自主学习的理念为学生创建支持性的学习环境，使学生之间在这种环境中易于形成良好的协作关系，学会自我管理和自我评价，逐渐成为自主学习者。可见，自主学习教学过程的核心部分是为学生创设和谐、互助、自主的环境。具体来说，就是教师向学生提供一定的阅读材料，以学生自主学习为主，以相互学习和教师指导为辅，最终促进学生知识水平和能力的提高。自主学习教学过程可以实现差异性教学，也就是说能够促使不同的学生获得不同的发展，因此这种方式有利于激发和增加学生的学习兴趣，能较好地实现英语教学的情感目标。例如，每个学生的认知风格各有不同，有的学生喜欢独立思考，有的学生更愿意与他人交流，这些不同的性格在英语教学中表现为不同的学习特点。比如，面对同一个问题时，有的学生倾向于通过独立思考的途径解决，也有的学生倾向于通过与他人合作交流的途径解决，等等。因此，教师在组织自主学习活动时，在学习途径或方式上不能强求一致，而应鼓励学生根据自身情况来选择，尊重并帮助学生发展个性化学习途径和方式。

在组织英语自主学习活动时，有以下几点需要引起教师的注意：

（1）自主学习并非指学生根据学习材料自学。事实上，以合作交流为特征的小组教学是比较受欢迎的自主学习教学模式。通过小组教学，学生作为学习活动的积极参与者，在与他人的积极合作过程中，一方面，能够实现信息与资源的共享与整合，扩展和完善自我认知能力；另一方面，合作精神和群体意识在活动中也能够得到培养。例如，教师设置问题，鼓励学生进行主动探索，从不同的角度以发散式的思维来探究问题中可能隐含的条件和规律，然后在组内交流各自的想法。这里需要注意的是，问题的设置应符合学生的认知水平，还要具有针对性、层次性，这样才能调动学生解决问题的积极性，逐渐培养其独立思考的好习惯，达到小组教学的良好效果。

（2）从学生的全面发展要求看，教育学生学会学习，培养学生科学地提出问题、探索问题、创造性地解决问题的能力应是自主学习教学注重的内容。在自主学习教学过程中，教师并非旁观者，在向学生介绍新材料或新任务、提出新问题时，教师应扮演组织者或引导者的角色；在开展学习活动时，教师应扮演合作者和促进者的角色。教师在参与学习活动的过程中，要及时发现学生在理解问题的角度及深刻程度上存在的问题，并适时地介入活动中，去引导学生的讨论活动，或者肯定学生在讨论中所持的正确的观点，以起到指导性的作用。当发现学生在活动中遇到困难时，教师就应该成为点拨者，帮助学生排除思维过程中的障碍，在这时，代替学生解决问题并不是一种好的方法。同时，教师还要适时地扮演心理咨询者的角色，引导学生学会倾听、理解、分享，鼓励学生不断参与活动，帮助其树立学好英语的信心。

（3）激发学生自主学习兴趣的动力源是思维情境。自主学习教学过程要求教师能够根据学生的认知水平、已有的知识和学习体验等情况，设法挖掘学生原有知识和课本内容之间的联系，并在教学中能够将课本中的结论性知识重新组织，使其成为能够得出某一结论、具有科学性特征的语言信息。教师整理的材料具有知识性、趣味性和讨论价值，贴近学生的知识和体验，能够引发学生的好奇心，这样使得学生在教学中更容易入情入境，对学习活动产生浓厚的兴趣和强烈的探索欲望，那么也就易于促使其产生自主学习行为。

第五节　实用英语课程与教学研究方法

实用英语课程是为高职高专非英语专业学生开设的一门公共必修课，实行“以学生为中心，以就业为导向”的教学模式，建立“以应用为目的，以实用为主，以够用为度”的英语课程教学体系，旨在引导学生正确处理好语言基础知识和学以致用的关系，培养学生的学习兴趣和自主学习能力，为提升学生的就业竞争力及未来的可持续发展打下必要的基础。

一、关于教学内容

根据建构主义学习理论和语言学习的四个条件（语言的输入、学习动机、语言的使用以及教师的教授），实用英语课程的内容主要选自国外书刊，包括信息技术、姓名称谓、角色楷模、商业经济、人生态度、职业选择等方面的内容，内容新颖，语言生动，并提供听、说、读、写、译技能的基础性综合训练，注重实际应用，培养学生一定的语言运用能力。

二、关于教学方法

多种课堂教学方法的运用：坚持“教师为主导、学生为主体”，根据课程内容及特点，采用灵活多变的教学方法——教师讲授、情境教学、任务驱动、小组讨论、角色扮演、多人合作等，塑造学生的合作意识，增强学生学习的主动性和参与性。

（一）教师讲授

讲授行为是教师课堂教学最常运用的教学行为。教师讲授行为的设计技术水平制约着教师教学行为的效果和效率。灵活选择教学讲授行为方式，熟练运用教学讲授行为策略，可以优化教师教学讲授行为的设计技术，达到促进学生发展、提高教学质量的目的。

讲授式教学模式是在传统的课堂教学模式基础上逐步演化而形成的，这种模式以教师为主导，教师按照学生认识活动的规律，有计划、有目的地组织和控制教学过程。这种教学模式的特点是学生对所学内容从感知、理解到巩固都是在教师的带领下进行的。教师完全控制课堂，掌握进度，可以充分发挥主导作用和正面教育的作用，有利于学生在较短的时间里系统地学习基础知识和基本技能，比较突出地体现了教学作为一种简约的认知过程的特性。讲授式最突出的教学目标是：通过教师的讲授，学生掌握系统的基础知识和基本技能。其常用的基本程序是：激发学习动机—感知、理解知识—讲授新课—巩固运用—检查反馈。

（二）情境教学

所谓情境教学，即教师在教学过程中再现不同的会话场景，并通过教师本人的语言、动作、表情及姿态传递给学生，使整个教学弥漫着一种和谐、融洽、振奋、饱满的情感气氛，最终达到激发学生学习兴趣的目的。

情境教学提倡“以用为本、学以致用”，有利于学生通过视觉、听觉加深对英语的理解；有利于营造良好的语言环境，激发学生学习的兴趣，提高记忆效果和教学效率；有利于学生获得感性材料，把理论与实际联系起来；有利于调动学生运用英语思维的能力和学生的非智力因素，使其变被动学习为主动学习。

（三）任务驱动

课堂上采用任务型教学，模拟真实生活中的任务，任务的设计层层深入，同时多样化的任务又由课内延伸至课外，不仅可拓展学生的知识面，更可培养学生的学习兴趣，从而提高学生综合运用英语的能力。

任务型教学在课前、课中、课后都呈现任务，让学生在任务的驱动下用语言做事。这样可提高学生的学习兴趣，激发学生主动参与的积极性，有效地改变学生被动的学习方式。

任务型教学模式体现了“学生为主体，任务为中心，教师为主导”的教学思想。整堂课中，教师是学生学习的促进者、信息资源的提供者、课堂教学的组织者、自主学习的设计者。

（四）小组讨论

教师在处理教材时应注意使学生利用小组活动来充分预习以及在课堂中让学生发挥主体作用，让学生充分参与。学生在合作中学习更有助于提高学习及参与的积极性。因此，应当发挥小组功能，让学生在合作中操练。

小组活动是课堂活动的主要形式，也是课前预习的重要形式。高效发挥小组合作来完成任务是教师应努力追求的。

（五）角色扮演

角色扮演是一个主要由学生自编、自导、自演的过程，要求学生自主参与，学生既是导演，又是演员。角色扮演的显著特点就是能体现出学生自主的言语活动，它需要有一个人进行总体的安排与协调，具体指导大家相互配合。角色的具体分配也可由学生自行讨论决定。英语教学注重的是学生语言能力的培养，角色扮演为学生创造了主动参与语言实践活动的机会，让学生作为活动主体能够按照自己的愿望，在模拟情景中扮演角色，用英语进行交际。这就意味着学生是角色扮演活动的主角，作为演员的他们，其责任、义务和行为要求都被重新分配。学生自主地对课文中的角色进行重新设计、包装或结合单元主题创造出新的角色，经过小组成员的共同讨论、设计、分配角色、台词准备等一系列事项后，在全班同学面前进行表演，在实际运用中学习语言知识，培养运用英语的能力。

（六）多人合作

合作学习并不是指学生整堂课都在合作，但有效的合作学习需要给学生留有充足的讨论时间。因此，要在短短的课堂40分钟内组织好合作学习，就要求教师一定要科学选题，明确合作内容，确保合作的有效性。

合作学习的内容可以是一些具有开放性、探索性的问题。教师要注意让学生在合作中互相理解、互相尊重、互相帮助，使各个层次的学生都能得到相应的发展。

教师也可选择一些通过合作能使学生互相帮助、互相促进、取长补短的问题。例如写作是英语教学中的一个难点，学生需要教师的点拨才能提高写作水平，但教师又不能每次都逐个指导，这个时候合作学习就十分必要了。通过同学间合作点评和互相帮助，学生容易接受且印象深刻。教师可把全班同学分成若干小组，学生相互合作完成一篇文章；也可每个人完成一篇文章，组内成员互相点评，取长补短，基础好的同学主动带动基础稍差的同学一同进步，从而在主动、愉快的教学中迅速提高自己的写作水平。

实践教学的改革和建设是一个体现高职教育规律、不断适应和满足社会和教学需求的过程，需要不断进行创新实践。只有建立科学合理的实践教学体系和实践教学规范，并在实践的基础上不断优化和完善，才能满足社会对专业人才能力素质的要求，发挥实践教学在应用型人才培养方面的重要作用。

第二章　高职英语教学现状

第一节　高职英语课堂教学模式

一、互联网环境下的高职英语课堂教学模式

互联网的快速发展，将全世界变成了“地球村”。原来“象牙塔”里的学生远离现实社会，就像俗话说的“两耳不闻窗外事，一心只读圣贤书”，人际关系、思想都比较简单。可是互联网时代的到来，彻底地改变甚至是颠覆了我们原来的生活。在宽带和网络技术支持的情况下，我们可以在这个集成许多功能的互联网中随时随地通信、下载需要的资料、上网购物。那作为高职院校的学生，他们的生活是怎样被颠覆的？互联网时代是促进了还是阻碍了他们的英语课堂学习呢？下面笔者将从互联网时代高职学生课堂学习的现状谈起。

据笔者了解，全国高职院校的学生大部分是来自普通高中的毕业生，一些是职业高中的毕业生，还有一小部分是中专毕业生，学生不仅英语基础有差距，他们对待学习的态度也是大相径庭。尽管在调查学生学习英语的兴趣

时，约 97%的学生认为学习英语是有必要的，但有部分学生的英语世界简直是“一片净土”，他们也希望能够好好学习英语，希望教师能够从零开始，而这又无法满足成绩较好的同学的需求。除了需求不一致外，学生的注意力也因受外部世界的诱惑而不能集中在课堂上。课堂上他们注意力集中的时间较短，大部分学生把自己的注意力放在了手机上。互联网的发展让信息时代变得无所不能，也让“象牙塔”中的学生不再只读眼前书，不问窗外事。他们拿着手机在网络世界里遨游，打游戏、看视频、网络购物、看小说，上课时间如此，下课更甚，除了必要的吃饭、睡觉时间，基本上都离不开互联网，手机让他们坐在宿舍内就可以了解国内外的各种信息，在这样的环境中又有多少同学能抵挡住手机的诱惑？

部分英语教师的教育观念比较落后，对高职英语教学的基本特征以及特殊性认识不足，一味地照本宣科，难以满足当前的以就业为导向的英语课堂教学。此外，最近几年高职院校学生的人数也在不断增加，大多数高职院校依然采用传统的“齐步走”的模式，没有根据学生的不同基础、不同需求进行因材施教，对症下药。同时由于教师的传统角色未改变，依然采用以讲课为主、学生为辅的机械式教学方式。传统的教学模式无法让学生在课堂上进行训练，不能激发学生的兴趣，也不能有效提高其运用语言的能力。

高职学生学习的教材以及对学生的评价体系也存在着问题。高职院校所使用的英语教材，虽然应用性较强，但是词汇量较大，学生学习起来有困难，容易失去信心和耐心。有些高职类的教材很简单但不系统，没有逻辑性，很不实用。传统的评价体系也是“一刀切”，以学生考试的成绩为主，课堂表现为辅。成绩好的学生自然有积极性，可是成绩差的学生就不一样了，他们无论是在课堂上的表现还是卷面成绩都不尽如人意。

根据以上提到的目前高职院校英语教学中存在的这些问题，笔者结合自己的教学经验，提出以下几点改革建议：

第一，根据学生基础，实行分层教学。由于学生的基础不同、需求不同，教学目的自然也不能完全相同，“一刀切”的混合模式已无法满足当代以就业为导向的现代职业教育体系。所以根据学生的基础进行分层教学，对于高考统招的学生，依据他们的高考英语成绩来分层；对于自主招生的学生，由英语组统一出题，全校再统一考试，依据成绩分层，把学生分为 A、B 两个等级。A 班的学生基本上用全英文教学，学期期间根据学习的进度配有笔试和口语的考核。他们需要参加全国大学生应用英语能力考试，同时鼓励学生参加省大学生英语知识竞赛、学校的口语大赛，去听其他教师的讲座，等等。B 班的学生英语基础相对薄弱，针对这种情况，教师应采取情感投入法，在刚开始上课时，只用简单的口语，从认识学生开始，与他们做朋友。同时告诉他们上课必须要遵守的原则，用手机玩游戏、看小说的同学，第一次发现必须表演一个节目；第二次发现，手机放在讲台上，下课归还。这样做，除了个别的学生有抵触心理，大部分学生还是很高兴接受的，他们都很乐意自己被重视。

第二，光要求纪律是不够的，教师还要从教学内容、教学方法与教学手段上下功夫，去吸引学生，激发学生学习英语的兴趣。笔者一般会用 PPT 来呈现自己的教学内容，生词有备注，中间多一些播放的效果，这些都是学生感兴趣的。笔者让他们回答问题的时候会做许多铺垫，他们用短语和单词就能回答。同时，笔者还鼓励学生自己做老师来讲课，笔者会和他们共同准备需要讲授的内容，以增加他们的信心。B 班从零开始学英语，从复习音标开始，伴有阅读，当然内容不能太难，否则会让他们有挫败感。

第三，要培养“以实用为主，以应用为目的”的应用型人才，英语课程的教学目标是“培养学生的语言应用能力”。要培养应用型人才，对教材的改革势在必行，这也是高职英语课程改革中的一个重要部分。目前大部分高职院校只开设了基础英语，没有专业英语。基础英语是融听、说、读、写于一体的非常笼统的教材，缺乏科学性和针对性的训练。因此笔者根据教学目标，配合分层教学，将新型教材分为交际教程、应用文写作教程、阅读教程三个系统，并且根据专业将专业英语融入以上三个教程中去。三个教程的知识和训练必须遵循从基础英语向专业英语的过渡，由浅入深，循序渐进。

第四，对于英语能力要求较高的酒店与导游这类专业，可以增加英语课程的学时，加大交际课堂教学的课时比重，有针对性地加大交际英语的口语训练；对于英语基础较差的学生，需要额外增加阅读训练。另外，可以让英语协会的学生建立互帮互助小组，这样既可以让好的学生帮助差的学生提高英语水平，对好学生自身学习英语也是一种促进。随着每年新生的实际情况及就业对专业需求的变化，教师要要及时对各专业英语教学内容及计划做相应的调整，保持教学计划和教学内容的科学性和灵活性，使其适应高职教学目标，从而建立一个具有高职特色的，科学、灵活的高职英语体系，突出英语教学的专业性。

第五，要加强师资队伍建设。专业英语融入基础英语，这就需要教师具备与专业相关的英语知识，建设具有高职特色的“双师型”教师队伍最能满足当前的需求。

第六，由于传统的评价体系有其自身的不足，在网络环境下的高职英语评价体系需要有所调整。从单一的教师评价到改革后的学生自我评价、学生相互评价、教师评价的多元化评价体系，不仅可以让学生知道教师眼中的自己，还能知道同学心目中的自己。这样对学生及时发现自己的不足之处，调整自己的学习态度和计划会有一定的帮助。同时，这个体系也能帮助学生自我鉴定、自我约束，从而起到自我完善的作用。这个多元化的体系不仅有教师对学生的评价，还有学生对教师的评价，这对教师的教学态度、教学内容、教学效果是很好的监督，对教师具有很好的促进作用。

总之，互联网环境下的高职英语课堂教学改革，一定要满足高职院校培养应用型人才的需求。从教学大纲、教学目标、教学内容的制定到实施，都要加强实用性和实践性，注重培养学生实际运用语言的能力，使学生能够进行简单的口头和书面交流。学校要让学生学以致用，真正地培养出具有中国特色、世界水平的现代职业教育体系下的应用型人才。

二、教育生态学视域下高职英语课堂教学模式

教育生态学具有一定的客观规律性，其是通过研究教育与外部环境之间，以及教育与内部结构之间的联系，得出教育活动的基本规律。教育生态学中的迁移与潜移是指教育生态系统中的物质流、能量流以及信息流，在宏观上表现为径流，并且能够明显地迁移；而在微观上表现为潜流，具体为不明显的潜移。例如，政府向学校进行教育拨款为径流，而从学校再下发至系、部、教师个人，便从径流演变为潜流，并且在转换的过程中需要人们的知识及能力。教育生态学视域下，高职英语课堂教学模式的创新发展具有重要的教育价值及社会意义。

（一）教育生态学的基本内涵及主要规律

1.教育生态学的基本内涵

教育生态学是指将教育与生态环境相联系，并以它们相互之间的关系

以及机理作为研究对象的一门现代化的学科。教育生态系统不仅包括国家范围的生态系统，也包括以教育为中心的各个环境系统。教育生态学认为，生态群体的规律性迁入及迁出是教育生态系统之中最为基本的结构规律，同时也是教育事业发展的必经历程，因此在教育生态学的研究中，教育活动主导着思想和计划的变动，在教育教学中应注重实践活动的开展。

2.教育生态学的主要规律

在教育生态学中，富集与降衰规律为其主要发展规律之一。自我国改革开放以来，借助各种渠道及方式解决教育活动中资金短缺的问题，即通过富集作用为学校的教育生态系统带来活力。在教育活动中，富集度越高，能力富集的现象会越多，继而造成不同程度上的浪费。教育生态的平衡及失调是教育生态理论中的核心理论，是维护教育生态平衡的重要内容。教育生态平衡的规律需要从根本上把握，根据平衡原理对失衡现象进行检测、分析及调节。竞争机制与协同进化是教育生态学中的重要内容，竞争可以促进教育事业的改革与发展，并且使得各个学科之间能够交叉渗透、相互影响，继而提高教学活动的质量及水平。

（二）教育生态学视域下高职英语课堂教学现状

（1）教学理念滞后。传统的高职院校英语教学活动中，教学理念存在一定的滞后性，教师的教学目标及教学构思受传统的教学模式影响较深。首先，传统的英语教学模式中对于学生的英语实践能力及应用能力的培养较为缺乏，教师更加注重学生的考试成绩。因此，在应试教育背景下的教学活动缺少一定的有效性及实践性，学生在学习活动中缺少主动性和积极性，无法充分发挥主观能动性学习英语知识。教育生态学视域下的高职英语课堂教学模式，将会提高课堂英语教学的质量。其次，教育生态学认为学生知识的学习呈现演替式规律，即螺旋式上升和波浪式的发展，因此课堂教学应更多地尊重学生的学习规律及客观学习需求。高职院校学生具有一定的自我意识及思考能力，因此在知识的学习及选择过程中将会有更多个性化的需求，但在传统的英语教学活动中，教师的教学理念过于固化，以课本中的内容为主，因此学生的客观学习规律与学习需求之间不相协调，继而无法彻底满足高职院校学生的学习需求。

（2）教学模式陈旧。教学模式的传统及滞后是影响学生学习兴趣以及教学有效性的重要因素。首先，在高职院校的英语教学活动中，学生主要处于被动接受知识的地位，并未发挥学生在英语学习中的主观能动性，因此学生在英语学习活动中的兴趣和热情较低，学生的英语能力并未得到有效提升。其次，教育生态学视域下高职英语课堂教学模式应更加注重实践活动及全面性发展，但传统的高职院校的英语教学活动中缺少学生实践活动的机会及时间，更多的是教师带领学生学习课本中的英语知识，因此学生的英语应用能力及跨文化交际的能力较为缺乏。最后，高职院校的英语教学活动中缺少个性化的教学理念及教学方式，由于学生的成长环境及学习能力之间存在差距，因此具有普遍性及泛在性的学习内容并非符合所有的高职院校学生。鉴于此，教师在教学活动开展之前应先了解学生的基础能力及学习需求，继而开展具有针对性及合理性的英语教学活动，实现有效的英语教学。

（3）师生关系紧张。教师是教学活动的主导者与组织者，教师的教学能力及教学理念对于高职英语教学活动的质量有着极大的影响。研究人员在对教育生态学视域下的高职英语课堂教学模式进行的研究中发现，在高职院校的英语教学活动中，教师与学生之间的关系过于紧张，缺少互动与交流的环节，因此教师对于学生的了解较少，学生对教师的依赖性较低，继而导致英语教学活动的质量及水平不高。教育生态学中的群体动力关系理论认为，学习活动中的群体成员之间相互影响、相互作用，教师在教学活动中是学习群体的一部分，因此教师与学生之间在英语教学课堂上是相互影响的。高职院校的英语教师在保证自身的教学能力及专业素养过关的情况下，与学生进行更多的交流和互动能提升学生的英语学习能力，实现高职英语课堂教学活动的有效性。

（三）高职英语教学的重要性

1.国家发展的需求

随着经济实力的不断提升及生产技术的不断进步，我国在国际上的地位及国际影响力有了巨大的提高，与此同时，我国与各国之间的经济合作及文化交流更加密切，因此在经济全球化的背景下，进行高职英语教学模式的创新改革有着重要的意义，其是我国社会发展的客观需求。高职是我国教育体系中重要的组成部分，是我国社会发展所需人才的主要来源之一，现阶段的国际竞争十分激烈，不仅在经济领域有着激烈的竞争，在文化的发展领域，各国之间也有着激烈的竞争，因此我国高职院校应更多地培养具有较强英语交际能力与专业能力的学生，使学生在就业岗位中或是日常生活中能够更好地传播中华文化，提升我国文化在世界上的地位及影响力。

2.教育改革的需求

高职院校英语教学的改革发展是教育现代化改革的必然要求，是实现教育大众化背景下的精英教育的重要内容。首先，知识经济时代，对于人才的质量及能力要求十分严格，培养学生的能力的前提是提高教学质量。传统的高职英语教学活动存在一定的滞后性，无法切实满足教育现代化发展趋势的需求，因此基于教育生态学的高职英语课堂教学模式改革是教育事业现代化的必然要求。其次，随着信息技术及网络平台的普及化发展，人们的生活和学习方式变得更加方便快捷，因此对于教育事业的质量有了更高的要求。教育工作是社会经济及生产力发展的基本保障，社会经济的发展与教育事业的发展之间具有一定的联系。社会经济的发展将促进教育事业的发展，与此同时，教育质量的提升能够为社会经济发展培养优秀的人才。在经济现代化的背景下，教育现代化成为教育发展的必然趋势，因此高职院校英语教学活动在教育生态学的基础上进行创新发展是教育改革的必然要求。

3.学生发展的要求

社会经济的稳定发展使人们的物质生活得到保障，因此人民群众对于文化产业及教育事业的发展有了更多的关注。国家教育大众化及构建学习型社会的发展战略的提出，使得我国的高等教育普及化发展十分迅速，高职院校学生的数量逐年增长，因此学生毕业之后面临着严峻的就业形势。在巨大的就业压力之下，高职院校应积极进行教育的创新发展，通过提高教学的质量及水平，继而提升学生的英语能力，使得学生在就业竞争中具有较强的竞争能力。社会生产力及信息技术的进步推动着现代社会不断发展，在互联网时代背景下，高职院校学生是我国社会经济发展的重要人才力量，高素质及能力是影响我国教育事业发展的重要因素。因此，基于信息技术的社会发展趋势及高职学生对于社会发展的重要作用，提高高职院校的英语教学质量极为重要。

（四）高职英语教学创新研究

1.转变教学理念

要在教育生态学视域下实现高职英语课堂教学模式的改革创新，英语教育工作者就应转变教育理念，坚持以生为本的教育原则，并重视学生的实际能力提升。首先，教师在教学活动中应坚持学生的主体地位，使得学生能够充分融入英语课堂教学活动中，并通过学生主体地位的实现，提高学生的英语学习质量，实现有效的英语教学活动。其次，高职院校的英语教师在教学活动中应注重学生实践能力及技术能力的提升，在教学活动中更多地结合跨文化交际知识，通过英语礼仪及习俗知识的教学，使得学生更加深刻地了解及体验英语知识的趣味性，并更加扎实地掌握英语知识的使用技巧及规律，继而切实提高英语教学的有效性。最后，高职院校的英语教师在教学活动中过于重视教学大纲，忽视了英语个性化的教学活动。因此，教师在教学之前应更多地了解学生的英语基础能力及学习需求，继而制订出具有针对性的学习计划，使得学生的学习过程更具科学性和针对性。

2.创新教学模式

教育生态学视域下高职英语课堂教学模式中，高职英语教师应积极地转变英语教学的方式，更多地使用信息化的教学手段，并将实践性的教学环节融入英语课堂教学之中，继而实现有效性的教学，提高学生的英语水平。首先，基于教育生态学的视角研究高职英语课堂教学模式的创新发展，高职英语教师应在教学活动中更多地使用信息化的教学手段，提高课堂教学活动的质量及水平，并且充分激发学生的学习兴趣及学习热情，使得学生在学习活动中更加积极和主动，充分发挥主观能动性。其次，教育生态学视域下，教师应将更多的实践环节及情境教学模式融入英语教学活动之中。对语言知识的学习不能仅局限于理论知识，应更多地为学生创造情境，使得学生在情境中进行实践练习，实现有效的英语教学活动。

3.培养师生关系

教育生态学视域下高职英语课堂教学模式中，教师与学生的关系是影响课堂氛围的主要因素，也是教育生态学中较为重要的内容。首先，教师应该与学生建立良好的师生关系，与学生进行更多的交流和互动，通过互动式的教学环节，更加了解学生的性格特点、学习需求及基础能力，继而更好地制订教学计划，提高教学质量和效率。其次，教育生态学视域下高职英语课堂教学模式中，教师与学生建立良好的平等互动关系将会激发学生的学习兴趣及热情。

三、科学构建高职英语课堂教学模式

《高职高专教育英语课程教学基本要求》强调：高职英语教学应多方面遵循“实用为主，够用为度”的原则。由于部分教师对于专业培养目标及教学目的不甚了解，拘泥于传统的英语教学观念和方法，视英语为一门独立的学科，单一地教授英语知识，导致学生课堂中的“学”与实际运用中的“用”相脱节。如何科学构建英语课堂教学体系，体现职业教育“能力+素质”的培养目标，笔者认为可以从以下几个方面着手：

（一）更新教学观念，主动适应职业教育发展要求

教师应转变教学观念，努力遵循“实用为主，够用为度”的教学目标和原则，发挥自身的主观能动性，研究教学过程，因材施教，因课施教。在制订英语教学计划以及确定教学目标时，应遵循“实用”的原则，准确地进行教学定位，在听、说、读、写、译五个方面全方位提升学生的英语实际运用能力，实现学以致用的最终教学目标。

（二）积极改革英语教学，探索符合职业教育规律的教学模式

（1）注重课堂教学方法的创新，努力提高学生的职业素养。为了实现教学目标，提高教学质量，必须改革教学方法。根据高职院校教学改革的要

求，笔者在实际教学中，结合运用了任务驱动教学法和项目教学法，即在教学过程中针对学生所学专业给学生布置任务，要求学生以小组为团队，分配类似实际工作岗位的角色，以完成任务为中心，相互合作，运用英语的各项技能（听、说、读、写、译）表达和陈述某个专业问题的解决思路和过程。

任务驱动教学法和项目教学法打破了传统的灌输式教学方法的限制，真正实现了学生学习的主体地位，教学的过程由原来单一的“师生”互动变为多边的“师生”和“生生”互动。在互动过程中，为了利用英语解决实际问题，学生必须运用各种语言技能来完成任务，从而有效地激发了学生学习英语的兴趣，达到良好的教学效果。

（2）重视每节课的导入，激发学生的学习热情，采用多种教学形式活跃课堂气氛。要想上好一堂课，仅仅明确教学目标，把握好教学重难点是不够的。如何迅速吸引学生的注意力，引导学生将注意力尽快集中到新课上来，取决于教师导入新课的能力。对于新课导入，好的设计方案要求教师充分利用青年学生的好奇、好胜心理，同时结合新的语言材料特点因地制宜，因材施教。比如口语课前，播放一段英语绕口令，让同学们竞相模仿并展开比赛；听力课前播放英文歌曲的 MV 以缓解学生的听力紧张与疲劳；听力与会话课前播放一段与本课教学相关的情景视频以启动话题讨论；精读课前可以采用启发式提问、故事导入法、归纳或演绎法等。多种形式的教学方法有利于激发学生积极的学习心态，活跃课堂气氛，但教师也应注意控制好节奏，维持好课堂秩序，真正做到课堂“活而不乱”。

（3）强化学生的主体地位。“兴趣是最好的老师”，只有激发学生学习英语的兴趣，才能调动他们学习英语的积极性。对于英语水平个体差异较大的高职学生来说，如何提高不同层次学生学习英语的兴趣应该成为教学的重中之重。教师不应该强制学生学习，应该精心设计教学，突出学生的主体地位，针对不同层次学生设计难易程度不同的任务，创造机会让各层次学生在完成任务的过程中体验语言运用的乐趣，从而激发学生学习英语的兴趣并树立学好英语课程的信心。

（4）现代网络技术发展迅速，通过网络实现师生的双向互动也能取得良好的教学效果。借助网络论坛、电子邮件、微信、微博等，师生之间、学生与学生之间可进行多形式的语音或文字交流，用于答疑、讨论、布置作业、提交作业、考试等。

（5）加大实践教学的比重，提升学生的职业能力。英语是一门实践性很强的学科，英语能力包含听、说、读、写、译等多方面的能力，这些能力都需要实践训练，这就要求加大实践教学的比重。笔者的做法是：在保持教学计划相对稳定的基础上，按照“新、综、活、实”的要求加大课程改革力度，对课程体系进行优化与整合，构建以学生能力培养为主线的模块课程体系，加大实践教学比重，使学生学到的知识、技能真正能满足实际需要。设置课堂实训教学、校外实践及顶岗实习等实践教学课程，提供更多的应用英语的实践机会给学生。通过技能训练、任务实施、同步练习等，为学生创设在学习中实践、在实践中学习的氛围，有效地结合理论教学和实践教学提高教学质量。

笔者本着提高学生英语综合运用能力的目标，经常组实践活动，以学生的在校生活、社会生活、职业生活为载体，创设鲜活的教学情境，落实“做中学”的人本教育思想。如模拟外企产品发布会，每学期组织学生参加英语口语技能比赛，安排专门的商务英语实训周，指导商务英语专业毕业生进行毕业设计、撰写毕业论文及进行论文答辩等。

（6）改进传统的考核方法，构建科学的英语评价考核体系。某一课程的教学安排常常与对这门课的评价与考核相关联，而英语应用能力是一项综合的实践能力，仅凭一张试卷无法全面地评价一个学生的真实能力，因此，要实现高职英语的教学目标，必须构建科学的评价考核体系。

评价考核的内容应多元化，既要对学生的知识、能力与应用技能进行评价，又要对其学习态度、兴趣以及方法是否得当进行评价。

评价考核的主体应多元化，不仅有教师参与，还应让学生也参与到评价中来。在学生自评和互评过程中，学生由传统的被动受评者转变为主动的参评者，有利于学生自省，以达到正确地认识和评价自我的目的。

评价考核的标准应多元化，即在课程统一标准的前提下，结合学生个人标准，参照学生自身发展过程的变化，对学生的学习状况做出全面的反馈。同时，学生的实践也应作为考核的内容。

评价考核的考试应多元化，提倡学生参加各种权威的英语资格证书考试，并将其作为评价考核的内容之一。这些证书将成为学生就业时展示其英语应用能力的凭证，从而提高学生就业的竞争力。

第二节　高职英语教育专业课程设置

高职英语教育专业以培养合格的小学、幼儿园英语教师为使命，随着国家义务教育改革的推进，原有的课程设置已不能满足教学需要，与学生毕业后面临的教职岗位要求有一定的差距，学生能就业但不能适应岗位要求的现象普遍存在。因此，有必要对现有的高职英语教育专业课程进行反思，找出问题所在并加以解决，以实现高等职业教育的目的。

一、课程设置的依据

职业导向的英语教育专业课程设置既要遵循教师教育的普遍标准，也要符合高职英语专业教育的基本要求，还要与高等职业教育教学改革相适应。只有全面、综合地考量，才能将职业导向的课程改革落到实处，高职英语教育专业的课程设置才能有理论和现实依据。

（一）《高等职业学校英语教育专业教学标准》

专业教学标准是高职院校专业设置、课程开发的顶层设计，是与行业人才标准互通互联的重要文件。2012 年，教育部正式发布了英语类 4 个专业（应用英语、英语教育、商务英语和旅游英语）的教学标准。该教学标准从十个方面进行描述，在课程体系与课程设置方面，要求体现英语综合应用能力和行业业务能力的有机结合，体现职业岗位的任职要求，紧贴行业或产业领域的最新发展变化。英语教育专业以培养“小学、幼儿园或培训学校的英语教学工作及其他相关工作岗位”的教师为根本任务，以提高学生语言综合应用能力、相关职业能力为目标，这就需要科学、合理地设置课程，突破传统学科体系和知识框架，把英语综合应用能力与教师业务能力整合起来，强化专业课程的实践性和职业性，构建以培养学生职业能力为主线的课程体系。

（二）《小学教师专业标准》

《小学教师专业标准》是国家对小学教师专业素质的基本要求，是小学教师实施教育教学行为的基本规范，是引领小学教师专业发展的基本准则，是培养小学教师的重要依据。该标准强调，要重视小学教师的职业特点，加强专业建设，完善小学教师培养培训方案，科学设置教师教育课程，改革教育教学方式，重视小学教师职业道德教育，重视社会实践和教育实习。《小学教师专业标准》对职业技能和职业素养都做了详细描述，是高职英语教育专业人才培养的重要参考。针对该标准提出的要求进行课程设置并加以有效实施，才能实现人才培养的目标。

二、目前高职英语教育专业课程设置存在的问题

（一）与职业相关的技能课程偏少，学生的职业核心能力没有完全体现

目前，高职英语教育专业的课程主要强调英语语言知识和听、说、读、写、译等基本技能，英语教育专业学生都能通过三年的专业学习，达到一定的知识和技能水平。但是作为一种职业教育，其师范性决定了学生还必须具有小学英语教学能力。传统的与此相关的课程主要以教育学、心理学和教学法为主，一些院校也开设了英语书写、唱歌等与专业相关的课程，但总体看来，一是没有形成体系，更多的是起到装饰的作用；二是研究不深，师资和教学设备需求不能满足。结果就是英语专业的毕业生自己会说英语，但不会教小学英语，对小学英语的教材教法、学法指导感到茫然。

（二）实践课程开设不足，缺乏系统性，学生的职业适应能力没有得到锻炼

英语教育专业的实践课主要分为教育见习和实习两类。教育见习主要安排在学期中，时间大概一周；教育实习是在最后一学期，时间为 3 个月左右，这是现在大多数职业院校师范类专业的实践课程安排。实习和见习贯穿

了专业学习的整个过程，学生可以将学到的专业知识和小学教学实际联系起来，通过观察、分析和对比，进一步提高职业技能。但从调查的结果来看，学生见习的效果不太好，主要是时间短、频次低、针对性不强；实习期间的教师指导不够，实习结束时缺少及时的总结和反思。实践性很强的英语教育专业，必须从时间安排、人员配置、阶段目标、考核评价等多方面深入研究实践课程的设置，发挥其在学生职业技能培训中的重要作用。

（三）专业能力拓展课程设置不够，学生的职业可持续发展能力受限

高等职业教育除了使学生适应岗位工作的基本要求外，还要注意培养学生的可持续发展能力和终身学习理念，以提高其就业竞争力。基础教育对教师的知识结构提出了更高要求，要求其不仅要具备扎实的专业知识，还要具备广博的多学科知识。但实际情况是，英语教育专业学生的知识面狭窄，人文素养有待进一步提高，反映在课程上主要是对英语类的文化课程，如英美文学、英语国家概况等课程不重视，跨学科、跨专业的选修课程开设较少，学生的学习视野受到限制，其今后教师职业的发展能力也会受到影响。

三、以职业为导向的英语教育专业课程设置方法

（一）构建以人才培养目标为指向的课程体系

专业课程的设置必须以人才培养目标为指向，有什么样的人才培养观，决定了开设什么样的专业课程。高职英语教育专业是培养具有合理知识结构、扎实专业知识、卓越教学能力的小学教师等。课程设置必须要以人才培养目标为前提，换言之，在研究课程设置之前，先要认真审视高职英语教育专业人才培养目标的定位，才能做到有的放矢。

（二）突出专业技能和职业技能的深度融合

英语教育专业的专业技能主要是指英语听、说、读、写、译等能力，职业技能是指教师的口语技能、教学技能、课件制作技能等能力。这些技能一般都是分开培养，相互交叉的情况不太普遍。但是教师职业岗位需要的正是两者的融合。为此，需要在课程安排上考虑两种技能的联系。比如，有的高职院校开设了英语歌曲与童谣、英语课件制作、小学英语教学法等课程，学生对职业要求的认识进一步加深，职业综合能力得到提高，走上教师岗位后对职业的基本技能要求能做到游刃有余。

（三）构建完整的实践课程体系

关于高职英语教育专业实践课程的内涵、结构和规定，还缺少完整的指导性文件，因而难以体现实践课程在课程设置中的核心地位，其时间安排、基地建设、师徒制度、考核评价等都缺少科学性的规范。高职院校要从实际出发，教育见习以完成阶段性任务为目标，一次见习解决一到两个问题，采用“影子跟岗”等方式，使见习见到实效。教育实习要定位到小学，要把实习和学生的就业岗位紧密联系起来，学生通过顶岗实习，真正熟悉职业岗位的情况，就业后能迅速适应工作岗位，做到轻车熟路。

（四）优化素质拓展类课程

作为语言教师，对语言背后承载的文化必须有所了解，才能更好地贯彻语言教学的意图。高职英语教育专业要重视英语文化类课程，加强对学生人文、社会科学的教育，拓宽学生知识面。通过必修和选修两种形式开设多种课程，比如英美文学欣赏、英语国家概况、英美儿童文学选读、现代汉语、古代文学等，通过学习，学生逐步积累起两种语言的文化背景、风土人情、价值观念等知识，进一步提高语用能力，为今后的教师岗位打好基础，提升职业的可持续发展力。

构建以职业为导向的高职英语教育专业课程，要充分体现人才培养目标的要求，要把小学教师标准和英语教育专业教学标准结合起来，建立人才培养的通道，满足小学英语教师的专业化发展需要。以职业为导向就是培养职业要求的核心能力，强调职业的实践能力，增强职业的发展能力，实现高职英语教育专业为基础教育服务的功能。

第三节　高职英语人才培养模式

英语热在我国出现已经有一段时间了，专业的英语人才已经积累到了一定的数量。有数据显示，在应届毕业生中，有近30%毕业后难以就业的学生来自英语、会计等少数几个专业。这在极大程度上暴露出英语专业人才培养过程中存在的许多问题，主要表现在：只注重学生的专业能力，却忽视了学生的综合素质，以至于学生空有学识，却难以适应现实需求。本节希望通过探讨的方式，分析造成这种现象的原因，探究解决这一问题的方法，希望能对今后的英语专业人才培养提供有价值的信息。

一、高职院校专业英语人才培养模式的现状

在培养适应社会需求的综合型专业人才方面，高职院校的专业人才培养模式具有独特的优势。但目前的情况却是，很多高职院校不能够充分认识到这一点，没能够发挥所长，培养适应时代要求的综合型人才，而是依旧采

用传统的应试教育模式，完全发挥不出高职院校的优势和核心竞争力。这种模式下培养出的学生，固然在专业知识方面有其可取之处，但是，在他们进入社会之后就会表现出明显的劣势。在学生看来，这是社会对英语专业的人才已经缺乏需求的表现，其实不然，社会需求是比较实际的，综合能力是企业选取职员的首要依据，所以出现了目前这种高职院校专业英语人才刚出校门就失业的困境。

二、高职院校英语专业毕业生社会适应性较差的原因

要分析高职院校英语专业毕业生社会适应性较差的原因，我们需要从多方面入手，大致分为三个方面：

（一）学生方面

相比较而言，高职院校的招生标准相对较低，使得招收到的学生素质良莠不齐。而其中的大部分学生，都是在中学阶段学习比较差或者学习能力比较弱的学生，他们对于知识的积累程度相较于普通本科高校的学生有一定的差距，换言之，学生的英语底子比较差，并且学习英语的兴趣不足，甚至是对学习本身存在排斥情绪。同时，相较于普通本科高校，高职院校的管理比较松散，这也是所有高职院校存在的通病，学生的自主性较差。这种管理模式就会导致学生在学习上越来越松懈，更加不会主动进行口语上的锻炼，学习效率非常低下。

（二）学校方面

《高等学校英语专业英语教学大纲》指出：“面向21世纪的外语专业必须从单科的培养模式转向宽口径、应用型、复合型人才的教育培养模式。”同时，该文件还就外语教育提出了四个方面的不适应性，这四个方面是“人

才培养模式方面”“课程设置和教学内容方面”“学生知识结构、能力和素质方面”“教学管理方面”。这些在普通本科高校中普遍存在的问题，在高职院校中更加突出，除了管理方面的问题外，一些教师的心态也存在问题，他们只例行公事似的进行授课，至于学生学不学、学的怎么样，缺乏关心的欲望。这导致课堂上完全失去了学习的氛围，教师跟学生形成了相互隔绝的两部分。

（三）社会方面

“高职院校毕业生”这一称呼似乎隐隐包含一种贬义，这种偏见有其历史因素，也有社会因素。单从社会方面来讲，社会整体对于高职院校毕业生存在偏见，原因是社会成员对当今的高职院校毕业生不够了解。社会对高职院校的关注度完全不够，高职院校获取的各种教学资源（教师资源、硬件设施资源、干部资源等）极为有限。

三、如何提升高职院校专业英语人才的社会适应性

针对以上三个方面的问题，笔者结合自身教学经验，尝试就学校方面的问题展开探讨，提出一些在教学过程中可采取的策略。

（一）调整课程安排

作为致力于培养专业英语人才的英语专业，高职院校教师在课程设置方面要有选择性，适当减少基础课程课时，增加专业课程课时，使学生将更多精力投入运用性更强的专业英语方面，以提高英语综合能力。在实际教学过程中，可以将基础英语的学习放在第一学期，而之后的学期都用来进行专业英语的学习。

（二）对教材的选择要恰当

对专业英语方向的学生，为他们提供专业性和实用性更强的教材是极为必要的。教材应该确保难度合适，适用于当前阶段的学生。例如，在空乘客服岗位，英语能力占重要位置。高职教育下的空乘专业主要是面向民航运输业的空中和地面服务岗位，培养能够适应行业发展第一线所需的空中乘务员、安全员、机场要客服务人员等高技能应用型人才。因此，在教材选择上，针对有空乘客服职业选择意向的学生，就要选用涉及空乘人员英语实际应用的教材，帮助其在参加工作后能够更好地适应工作内容，提高其社会适应性。

（三）进行实训教学

要想让学生真正做到学以致用，就要积极锻炼学生的实际应用能力。学校应该投入专项资金，打造实训教学环境，设置不同的情境，为不同专业领域的学生提供实训机会，主要锻炼其交流沟通能力。同时，通过这样的方式，能够让学生提前感受职场的工作氛围，自行思考在职场中自己适合什么样的职位，这能在一定程度上让学生在就业选择上少走弯路。

综上所述，高职院校英语专业的人才培养模式，在社会适应性上存在一定的问题。同时，在社会需求发展的带动下，高职院校专业英语教育也存在许多机遇，如何解决这些问题，抓住这些机遇，是高职院校教育工作者需要考虑的问题。

第三章　高职英语专业教育现状

第一节　高职英语专业学生培养现状

掌握职业技能是目前我国高职教育人才培养目标的核心内容，不仅是高职学生取得职业资格证书的必要条件，也是影响高职院校毕业生就业质量和就业率的重要因素。因此，对高职院校职业技能培养现状进行研究非常必要。目前，高职英语教育专业学生职业技能的培养有待进一步加强，需要对其展开有效的研究和探索。

《国家职业教育改革实施方案》指出：“从 2019 年开始，在职业院校、应用型本科高校启动‘学历证书+若干职业技能等级证书’制度试点工作。”教育部规定：自 2019 年开始，师范专业毕业生须考取教师资格证书。这些规定的出台，为高职师范专业制定人才培养目标再次明确了方向。就高职英语教育专业人才培养目标而言，其更应突出职业技能的培养。

教师职业技能是衡量教师职业能力的重要指标，也是教师专业能力的核心内容之一，不仅关系到人才培养目标的实现，还是师范专业学生考取教师资格证书的必要条件，同时影响着高职院校就业率的提升。本节针对目前高职英语教育专业学生职业技能培养中存在的问题进行探讨，提出相应的培养对策，以期提升高职学生的职业技能，为以后学生走上教学岗位奠定坚实的基础。

一、高职英语教育专业学生职业技能培养现状分析

高职院校主要为生产一线输送技能型人才。高职英语教育专业的教学目标是培养小学英语教师、学前教育英语教师和英语培训机构中的少儿英语教师。教师的职业技能是专业技能和教育教学技能的结合体。对于高职英语教育专业的学生来说，职业技能主要涉及英语专业知识、英语教育教学能力和创新能力。目前，高职英语教育专业学生的职业技能存在短板，无法实现职前职业技能与职后岗位技能的无缝对接。这一问题形成的原因主要有以下几方面：

（一）高职学生英语基础薄弱

目前，高职院校学生水平参差不齐，大多数学生的英语基础比较薄弱。学生入校以后，需要很长时间才能达到听、说、读、写、译的语言运用能力，加之英语基础理论课程授课时间缩减，使相当一部分学生在短时间内无法习得一定的英语语言基础知识，这就造成学生的英语专业知识能力达不到工作岗位的技能要求。

（二）专业实践课程设置趋于形式化

随着高职院校开设的实践课程及课堂实践比例的提升，高职英语教育专业也对课程设置进行了大刀阔斧的改革，缩减理论基础课程的授课时间，大幅度增加了实践课程与课堂实践的比例。这样的改革表面上符合高职教

育发展的需求，却忽视了部分专业教师缺乏企业实践经验的情况。对高职英语教育专业来讲，大部分专业课教师缺少一线小学英语课堂教学经验和少儿英语辅导机构的工作实践经验，增设的部分专业实践课程只能是照本宣科地讲授理论知识，不能真正实现实践课程教学目标。此外，虽然提升了课堂实践教学的比例，却没有达到预期的教学效果，多数学生的实践操练就像走秀表演，华而不实。大多数教师只是为学生创设实践情景，而没有在实践操练过程中或之后给予指正和引导，导致学生实际的教育教学能力得不到提升。

（三）课堂实践教学方法的改革迟滞

近年来，关于高职英语教育专业教学改革的研究广泛而深入，一线教师普遍意识到高职英语教育专业的教学方法亟待革新。但在实际教学中，传统教学方法依然占据主流，课堂上学生的主体地位彰显不够，“做中学，学中做”的学习模式难以真正实施。课堂教学中，对技能理论的分析依然重于实际操练，导致学生掌握的理论知识与实践技能脱节。另外，部分专业教师对职业技能培养的认识存在偏差，片面地认为学生的职业技能训练就是写好粉笔字、会画简笔画、会唱少儿英文歌、会讲英语小故事、可以制作课件等。教师的职业技能培养不是单一的某种技能训练，而是要教会学生把这些单一的技能综合运用到课堂教学设计、教案编写、课件制作、课堂教学中。从某种程度上来说，学生职业技能的培养是对其综合能力的全面锻炼。

（四）顶岗实习监管力度不够

顶岗实习是高职院校培养学生过程中的一个重要环节，也是学生职业技能得以提升的关键路径。但有些高职院校英语教育专业的顶岗实习基地较为分散，交通不便，实习指导费用不足，一系列问题导致实习指导教师很少到学生实习一线进行监督、指导，顶岗实习效果得不到有效保障，因此，学生在顶岗实习阶段对职业技能的训练和掌握大打折扣。

二、高职英语教育专业学生职业技能培养的对策

高职英语教育专业的培养目标是为小学、幼儿园和培训机构输送合格的少儿和学前英语教师，而合格的基本标准就是学生要具备英语教师的基本职业素养和职业技能。针对目前高职英语教育专业学生职业技能培养现状及存在的问题，笔者建议采取以下措施。

（一）调整教学内容，创新培养模式

围绕高职英语教育专业的培养目标，教师要明确教学内容。课堂教学不单单是传授知识，还要把职业技能的训练融入每节课中，在让学生掌握基础知识的同时，注重教学实践，树立职业技能培养意识，强化职业技能训练。

以教师职业发展理论为基础，积极引入"全面、全程"的人才培养模式。其主要内容就是：从学生入校到毕业，对他们进行全面化、全程化的渗透式职业技能训练。"全面化"是指每门专业课程的教学计划中都要涵盖一定比例的、以就业为导向的职业技能训练模块，从职业理念、职业知识、职业能力和创新能力四个维度培养学生的职业技能；"全程化"是指学生在校学习的每个学期都要安排职业技能实践周活动，活动的内容要遵照循序渐进、从单一技能到综合能力培养的原则。

（二）优化专业课程设置

近年来，随着高职教育的改革、发展，高职英语教育专业课程结构体系的初步建设已基本完成，实践课程和课堂实践比例可以达到 9：20，但专业课程的设置仍需进一步优化。因此，应围绕专业人才培养目标，遵循从单一技能培养到综合能力培养的原则，教会学生将这些单一技能综合运用到教

学设计、教案编写、课件制作和课堂教学中去。同时，专业技能课的安排要与教育教学理论课相结合，真正实现提升学生综合教学技能的目标。

（三）加快专业师资队伍建设

专业师资队伍建设直接影响着学生职业技能的培养。提升英语教师的职业技能是目前高职英语教育专业急需解决的问题。首先，要加快本专业“双师型”教师队伍建设；其次，教师每三年应有一个学期到小学或者英语培训机构从事一线教科研工作；再次，教师每年应参加相关的“国培”或“省培”，并考取结业证书；最后，聘请当地的一线小学英语教师、教研员或培训机构优秀的少儿英语教师作为团队兼任教师，增强专业师资队伍力量。这些走出去、请进来的措施可以让专业任课教师深入了解学生未来的工作情况，理解职业技能在少儿英语课堂中的综合运用情况，发现教育教学中的实际问题，在实践中提升自身职业能力。

（四）强化顶岗实习专业指导

顶岗实习是高职英语教育专业培养学生实践能力的重要环节，必须高度重视，务求实效。首先，在各院校的顶岗实习制度框架下，院系要做好相应的计划以及准备工作，保证顶岗实习的有序性和有效性；其次，可以建立实习导师制，对学生开展有计划、有步骤的针对性专业实习指导；最后，加强顶岗实习的监管力度，落实责任，组织专业任课教师全程跟踪，监管学生在校外的实习情况，定期到实习、实训基地走访检查，发现问题及时解决。

培养学生的职业技能是高职院校的重要任务，也是衡量高职院校人才培养质量的重要指标。高职英语教育专业可以从培养模式、课程设置、师资力量三方面进行革新，优化和完善课程教学，同时建立长期稳定的顶岗实习基地，切实有效地提升学生的职业技能，培养合格的幼儿园、小学和培训机构英语教师。

第二节　高职英语专业教学现状与改革措施

现如今的社会，就业难已经成了常态。普通本科院校学生尚且就业难，对于高职学生来说就业更难。除了社会对学历等异常重视等的原因，还有就是大部分高职院校学生本身的竞争实力的确比不过普通本科高校的学生。其中英语水平就是一个方面。由于英语在世界范围内广泛应用，因而企业也十分看中应聘者的英语素养。

近些年来，我国的高等教育逐渐普及开来，全国范围内应届毕业生数量大幅提升，就业难问题更加突出。随着经济全球化的发展，世界各国逐渐连成一个整体。每一年，都有大量的外资企业进入国内市场。英语是世界范围内应用最广泛的一种语言，熟练应用英语对大学生就业有帮助。

当前，高校的英语教学方式并不能满足学生发展的需求，毕业生的职业能力与社会需求相差是比较大的，所以进行英语课程的改革是十分必要的。

一、教学现状

（一）教学目标与社会需求脱节

高校的英语教学有着很强的功利性，最直观的就是以英语四、六级为参考标准，通过统计学生英语四、六级考试的通过率来判断英语教学水平如何，有的学校甚至将是否通过英语四、六级考试作为学生是否能够毕业的标准。事实上，进行英语教学关注的不应仅仅是笔试成绩，最关键的还是交流能力以及发音问题，但是大部分学校往往都是本末倒置。更加严重的问题是，一部分学生学习英语只是为了过四、六级，导致对英语这门学科失去兴趣，甚至为了过英语四、六级无所不用其极，而他们的英语交流能力实在是太差。当今社会要求的英语能力是以说为主，写为其次，即便是笔试成绩再高，如果交流能力差，那又有什么优势呢？

（二）课程设置不合理

高职院校对于英语这一门课程的教学主要集中在课堂的那一点时间，课下有极少一部分学生会练习自己的英语口语，这是无可奈何的，相对于英语国家学生来说，我国学生缺少一个练习英语的环境，也无怪乎其英语口语水平比较差。高职院校课程的设置十分不合理，忽视了社会现实需要，教学内容主要集中在课本知识，并没有将就业与英语教学联系在一起。学校对于学生学习效果的检验也只停留在期中、期末考试的成绩之上，而且还只是笔试的成绩，对于口语并没有什么有效的检验方式，这对于学生就业将会产生不利的影响。

（三）教学模式与教学策略不合理

英语教学依然采用的是陈旧的教学观，对于英语的教学就只集中在课本上，比如说英语语法与词汇知识的教学，忽视了综合能力的提升。

教学还是在六七十人的大课堂进行，听课效果大打折扣。教学依然是以教师为主，忽视了学生的主体作用。授课方面，还是以简单的灌输式教学为主，并没有按照语言教学规律进行教授，并不以学生的学习兴趣为关注点，教师自顾自地讲自己的课程，学习变得寡味。

二、措施

（一）教学模式改革

创建以就业为导向的教学模式。高职英语存在的意义就是要为社会培养一批面向社会、面向未来、适应经济、文化发展的应用型人才。改变英语教学模式是当务之急，实现从专业学科本位向就业本位转变，从过去注重知识的讲授到注重个人能力培养的转变，实现高职院校学生能力质的飞跃。要以就业为导向，高职英语教学应注重社会对大学生英语的需求，创建应用型英语教学，促使学生实现自身的价值。学校在设置英语教学目标时，应充分考虑到企业的用人标准，并不是仅仅局限于课本的知识。对于不同水平的学生应采取不同的教学方式，真正实现因材施教，因人而异。至于对学生学习质量的评价，也要采取综合的评价方式，不能单纯看笔试成绩，这样对学生的就业是不利的，要综合笔试成绩以及口试成绩进行评价，引导学生真正做到听、说、读、写、译样样精通。

（二）教育内容的改革

当今是一个快速发展的时代，英语这门课程应当与实践接轨，进行英语讲授必须与社会发展相结合。现今的信息时代，技术变革快，职业要求变化也快，这是一个变化发展快的时代，对一切都要求快。英语的教学自然也不能止步不前，要删减掉那些累赘的部分，更新换代，变成最新版本，体现出其实用性与职业性。还可以在一切非英语专业设置一些与英语相关的课程，例如可在旅游专业设置导游英语，毕竟导游这一行业面临的是各国人员，培养复合型人才，可使其获得更加广阔的发展空间，实现自己的人生价值。还要注重英语的使用环节，英语是一种实用工具，拥有语言知识，并不代表拥有这一项技能，要想真正获得这一项技能，就要不断进行练习，不断提升自己的英语口语水平。学语言，光听不说，光读不写，是学不好的，学生缺乏的就是说的勇气与说的场合。大学生只拥有语言知识是不够的，还要将知识转换为技能，转换的唯一方法就是亲自参与实践，反复练习。高校应该有意识地培养、提高学生的求职技巧、能力，对在公众场合表述存在恐惧心理的学生，要积极进行心理方面的教育。教师要引导学生有勇气说出来，有能力说得好，拥有专业的技能，这样才能在求职时获得企业的青睐。

（三）改进教学方式与方法

高职教育是以就业为基本导向，培养社会需求的应用型人才。以就业为导向，以培养专业人才为课程的出发点与落脚点，不管是高职教育还是职业教育，进行英语课程的教学，都是为了使学生在社会竞争中占据一定的优势。这就要求改进教育教学方式与方法，需要切实保障学生的主体地位，实行小班教学，变枯燥乏味的教学内容为生动活泼的教学内容，引起学生的兴趣，实现英语教学的目的。

（四）了解学生的心理

世界上没有相同的两片树叶，学生和学生之间存在很大的差异性，明白学生之间的具体差异，是科学教学的第一步。首先要对学生的实际情况、脾气性格、对英语学习的喜好程度有一个大致的了解。根据这些信息，逐步深入，了解学生的心理需求，制定具体的有差异的教学方案。现在的学生大部分都是独生子女，他们容易被压力所困扰，有极强的自尊心。教师在和学生沟通的时候，要注意一对一的沟通，尊重学生，和他们亲切交谈，关心学生，了解他们的难处，让学生在教师面前畅所欲言，慢慢打开学生的心扉，切忌操之过急。每一次交谈都要做详细的记录，以备查看。

英语对于一些人来说，只是一门课程，而对于另一些人来说，却是一种基石，是一种筹码，可以提升自己的竞争力。因而其会不断地提升自己的英语水平，为自己的发展谋求更大的筹码。学校要进行教育改革，这是必然的，但是关键还是在于学生要不要学习这项技能，只有学生本身在乎这项技能，学校的改革才真正有意义，才能真正实现通过提高英语水平来提高就业率的目的。

第三节　高职英语专业学生面临的挑战

一、社会发展对英语专业的需求

（一）社会取向成为衡量教育价值的新视角

高职英语作为高职教育的一个专业，迄今只有短短数十年历史。与高职教育一样，高职英语最初只是作为普通本科英语的一种附属而存在。与普通本科英语相比，高职英语缺乏足够的历史积淀，在专业发展上长期受制于前者，被视为“本科压缩型”；在激烈的校内竞争中，则受到制造业、技术类等高职教育主流专业的挤压；甚至受到校外英语培训行业的冲击，以及中学英语水平提升的影响。总体上，高职英语专业发展仍然存在诸多的问题，如专业性不强、缺乏特色、功能不彰显、社会声誉不高等，从而导致专业存在依据受到质疑，未来发展前景不甚明朗。随着高职教育的崛起以及伴随而来的现代职业教育体系建构和高等教育的转型，高职英语专业正进入改革的关键时期。诸如战略方向确定，发展路径选择，以及在日益激烈的竞争中形成不可替代的优势地位等问题，已成为亟须思索的重大关键性问题，也成为改革的根本目标。实际上，把观察的取向转到社会取向，可以很清楚地看到高职英语专业呈现出某些特质：高职学生中学习英语的人数非常庞大，而且通过公共课程和专业课程，英语教育教学的范围几乎涵盖所有高职学生。高职英语作为一种工具，通过本身的规模以及复合型人才培养的方式，填补了大量普通本科英语尚未涉及的社会职业岗位，尤其是新兴的、中下层职业岗位。高职英语专业强调实用性，在很大程度上摒弃了传统英语注重语言和文化、忽视实用性的重大弊端，体现出显著的职业针对性。

当前对高职教育的评价往往局限于专业技术层面，而忽视高职教育的社会功能，以及这种功能所蕴含的长期、巨大、潜在的价值。高职英语专业的社会功能是普通本科英语教育无法覆盖的，也是其他专业难以比拟的，更是英语培训不可撼动的，因而，高职英语专业具有独特性和不可替代性，成为高职英语专业优势与价值的良好表达。对高职英语专业社会功能的强调，并不意味着对其专业水准不足的事实的否定。实际上，二者并不矛盾，社会功能会有效推进专业发展水准，专业水准的提升又有助于更好地实现社会功能。

（二）高职英语的四大社会功能

高职英语专业兼具高等性、职业性、语言工具性三大特征，从而使其在实现社会功能过程中焕发出独特的光彩。加强对高职英语专业社会功能的关注，进一步深化对高职英语专业的认知，拓展其发展空间，将对高职英语专业未来的战略确定、路径选择、形态塑造产生重要而深远的影响。高职英语的社会功能主要体现在以下四个方面：

1.适应产业需求

当前，我国经济社会发展出现了三个重大趋势：产业的转型与升级，使社会经济发展重心由低端制造业向高端制造业和现代服务业转移，以经济为中心的发展模式开始向社会综合发展转变。在此过程中，社会经济层面发生着前所未有的深刻变动，在知识与技术的推动下，旧的岗位不断消失，新的岗位不断涌现，职业岗位得到整体性的升级、改造，职业岗位所涵盖的知识与技术发生了剧烈变化。在知识与技术的流动中，英语能力成为重要的媒介，人才复合化趋势进一步形成。随着经济社会发展日益呈现出多样化和精细化趋向，单一性人才越来越难以满足社会复杂化、多元化的需求，人才的复合成为一种重要的人才趋势。对此，教育部门早已形成深刻认知。1998 年 8 月，教育部在《关于外语专业面向 21 世纪本科教育改革的若干意见》中指出，由于社会对英语人才的需求已呈多元化的趋势，过去那种单一英语专业的基础技能型人才已不能适应市场经济的需要，市场对单纯语言文学专业毕业生的需求量正在逐渐减少。因此，英语专业必须从单科的“经院式”人才培养模式转向宽口径、应用性、复合型人才培养模式。在这个过程中，英语成为一种基础性工具，发挥着不可或缺的作用。伴随着世界经济一体化的进程，国际交流在增多。作为我国经济社会现代化的重要产物，不仅国外企业越来越频繁地进入中国市场，而且越来越多的中国企业也参与了世界的产业分工和国际竞争，成为全球化企业。中国企业已经开始走向世界，中国员工全球流动加剧。在此过程中，英语成为国际交流的桥梁与纽带。

在以上三大趋势推动下，整个社会特别是经济发达地区出现了对职业英语人才大量、紧迫、强劲、持续性的需求。大量传统和新兴的职业岗位开始涉及英语，并衍生出空乘、会展、IT、物流、国际金融、国际会计等职业方向，涉及销售代表、服务商、小学教师、文职人员、行政秘书和行政助理、客户服务代表等新兴的职业岗位。适应这些岗位的人才均为具备英语能力和职业能力的复合型人才。其中，英语能力成为这些岗位的核心能力和重要标志，从而极大地提升了这些职业岗位的含金量和人才的流动能力。这些岗位的出现，标志着传统的服务业正在向现代化、精细化、国际化转型。高职英语专业通过与行业的紧密合作，针对以上职业岗位设置专业、编制课程、设计教学，形成了具有职业针对性的人才培养模式，效果显著。

可以说，经过多年的发展和产学合作的洗礼，目前，高职英语专业整体上规模庞大，占据了高职教育专业中的相当份额；其职业针对性强，覆盖面广泛，深入到越来越多的职业岗位，为产业快速、持续、迅猛发展提供了充足的人力资源。

2.铸造实用英语

长期以来，普通本科英语教育遵循学术性传统，专注于语言和文学两个方向，试图通过系统的学术性训练，使学生在提升英语应用能力的过程中形成较高的人文素养。由于普通本科英语发展时间长，形成了较为成熟的模式，具有较深厚的历史积淀，且培养的学生英语应用水平及人文素质较高，因此，代表着高等英语教育的主流取向。但普通本科英语教育的问题也恰恰在此。专业水准很高，并不代表职业能力很强。也就是说，单纯的英语人才并不适应当前人才日益复合化的历史性趋势。实际上，伴随着分工的进一步加剧和人才专业化程度的加深，人才市场上并无太多的单纯为英语所提供的职业岗位，企业所真正青睐的是具有英语能力的复合型人才。

相比之下，高职英语的实用性更为显著。长期以来，普通本科英语教学处于一种“卖方市场”，由于强调英语教学的语言应用和人文提升功能，因而在很大程度上存在缺乏独立的、与生活密切相关的目的性。如教学内容在很大程度上只追求高雅，而未能充分考虑学生未来的生活需求。而高职英语专业自产生之日起，就生存在普通本科英语教育浓重的阴影之下。在竞争激烈的环境中，高职英语专业更少考虑英语的语言能力和文化功能，而更多地注重学生个人的生存需求，也就是职业性需求，从而形成了一种不同于普通本科英语教育的发展模式，即非常强调英语与职业岗位的结合。高职英语专业普遍坚信并且形成了如下理念：学英语与用英语“办事”紧密相连；学英语与用英语“开展业务”紧密相连；衡量英语能力不再是单纯的“漂亮英语”“地道英语”，而是“能顺利开展涉外日常和业务交际”的能力和水平。

3.促进社会流动

社会阶层的合理、有序流动成为推动社会发展绵延不绝的动力。高职英语专业的重大社会功能之一即在于推动了社会阶层之间的这种流动，包括水平流动和向上流动，从而极大地优化了社会资源的配置，推动了社会的良性运转。

高职院校学生普遍接受了英语教育。高职院校中英语专业和英语公共课的普及，为高职院校毕业生未来的发展提供了重要的保障。据有关资料统计，2019 年，我国高职高专英语类专业招生人数占高职高专招生总人数的 5.28%；在 1 168 所独立设置的高职高专院校中，有 1 144 所开设了英语专业；高职英语专业招生人数连续 4 年占总人数的 5%左右，共 133 692 人，其中，商务英语占 50%，应用英语占 20.8%，英语教育占 18.6%，旅游英语占 10.6%。此外，几乎所有的高职院校均开设英语公共课程，每年有数量庞大的学生参加四、六级考试，以及数量、种类繁多的英语资格证书考试。

高职毕业生通过掌握英语技能，顺应了终身教育背景下继续学习的大趋势，从而有效地实现了个体的自我提升，推动着社会阶层的合理、有序流动。在当前，由于层次所限，绝大部分高职院校毕业生拿到的是大专学历证书，这导致他们很难在第一次就业中占据较高的职业岗位。这种就业上的不利既是当前高职教育处于弱势的重要表征，也成为高职院校学子通过不断继续学习，实现向上流动的巨大动力。根据麦可思公司的调查，目前，相当数量的高职院校毕业生离职率很高，这表明高职毕业生的社会流动性较强。社会流动分为水平流动和向上流动，无论在水平流动还是向上流动中，英语能力均成为一种重要的指标，发挥了重要的作用。高职学生无论是到本科院校深造，还是报考公务员或进行劳务输出等，英语作为一种基础性、工具性能力，均成为决定性要素。

4.塑造优雅人格

高职教育由职业教育发展而来，而职业教育长期处于低端的技能训练层面，培养出的技能型人才简单、粗糙，这种惯性也延伸到高职教育。同时，高职教育的主流专业是制造类与技术类专业，其注重操作性，强调技能的娴熟运用，这种特点延伸至整个高职教育，成为高职教育的主流氛围。伴随着制造业社会向服务型社会的转变，市民社会开始形成。教育从单纯关注专业能力开始转向同时关注个人生活质量与品质。可以说，高职教育在整体上强调“制器”，忽视“育人”的精神气质和文化特征，已成为制约其持续发展的重大障碍。

在高职教育中，高职英语专业具有显著的语言工具性特征和优势，从而在人文教育中形成了独特的优势。首先，英语教育并非仅仅是语言的传授，更是在语言的传授中兼具文化的传播。而一般情况下，文化传播过程中，那些健康、高雅的文化往往更易于优先成为传播的内容。这样，高职英语的教学内容在很大程度上使学生受到较强的人文熏陶，从而促进了学生人格的发育和健康心理的养成。这种熏陶与促进对于文化基础不深厚的高职院校学生具有非凡的意义，极大地弥补了他们高中文化课和高职专业课的重大缺陷。其次，在当今社会，具有良好的英语能力具有重要意义，其成为现代社会教养和阶层的象征。这种表征伴随着高职英语的广泛拓展而从英语专业学生扩散到数量庞大的其他专业学生，增强了后者的魅力，有助于后者更好地适应社会、享受生活。在全球化日益显著的今天，生活中的方方面面都涉及英语，如影视、电子产品、旅游、交友等。英语能力成为优雅生活和高尚品位的重要表征。同时，英语带有浓厚的文化特征。学习英语，在掌握语言的同时，必然要同时涉及所在国家的文化。在了解这些域外文化的同时，必然与已经形成的本土文化形成对比，形成交融，从而有助于进一步拓宽视野，拓展心胸。

在目前各种层次和类型的英语学习普遍低效、哑巴英语成为一种常态的情况下，高职英语注重实用性所表现出的良好娴熟的英语能力已成为一种较为稀缺的资源和标志，不仅有助于提升工作效率，更有助于帮助掌握者形成强烈的自信。从现实情况看，良好的英语能力有助于改善高职毕业生的工作与生活，使得传统观念中的低端、一线、操作性工作呈现出一种独特的魅力，呈现出现代职业人的特质和未来知识工人的潜质，从而使人们改变对技术工人和职业教育的片面认识。

（三）高职英语专业社会价值的实质及未来走向

伴随着市场机制推动下人才供给需求关系的变动，人才市场向买方市场的转变，垄断经营向自由竞争的转变，必将进一步打破教育封闭性的态势。

在这种转变过程中，教育的开放性将进一步得到加强，多元化办学将成为常态。高职教育作为其中最具有产业属性的教育类型，在这种开放性、社会化进程中，越来越多地从外部社会环境中获取市场信息、集聚办学资源、建构知识技术体系、打造教育品牌；其办学成果也越来越受到社会利益相关者的关注与检验。在这种开放办学的态势中，社会取向开始成为衡量教育尤其是职业教育价值的指标。

厘清高职英语专业的社会价值，有助于对其形成更深入的认知。社会价值集中体现在提升个体的社会适应能力，促进社会的合理发展。从社会取向的视角，高职英语专业摆脱了传统培养人的单一视角，其内在价值得到进一步的深入挖掘与延伸。表面上，高职英语满足了国际化、城镇化、现代化进程中职业岗位对英语的紧迫需求，但隐含其下的是高职英语促使传统高考制度下的失利者的英语学习得到延续，从而使他们在现代社会转型中必需的能力得以留存，使之可以和普通高等院校的学子一样，通过终身教育一步一步实现阶层的晋升，在极大改变人生命运的同时，推动了社会人力资源的合理化配置。从这个意义上说，高职英语成为高职教育价值的重要体现。如果缺乏这种能力，那么，高职教育的效果将黯然失色。高职英语的这种功能与现代化转型、持续走向开放的社会大背景高度适应。

依据社会取向的视角，今后高职英语专业应坚持三个方向：①深化与职业岗位的结合，不断地深入挖掘、延伸产业链，汲取新价值；②强调培养学生的可持续发展能力，通过不断学习，发展适应终身教育社会的能力；③促进个体人文素质的提升，使其具有健康的心理和完善的人格，对社会形成更高层次的适应。

二、学生自身

和本科教育不一样的是，高职教育更加注重对学生专业技能的培养，而和初、高中的教育相比，高职教育更加宽松，对学生的管理不是那么严格。所以，学生在文化课的学习上可能会存在一定的问题，尤其是英语学习，因为学生所生活的环境是汉语，而学习语言又需要特定的环境，这就导致了非英语专业的学生在学习英语的过程中特别突出的问题，就是自主学习能力不强，导致他们的英语学习显得很被动。这里笔者主要根据高职学生英语学习的现状提出一些建议。

（一）自主学习的含义

自主学习就是自己主动学习。对于高职学生来说，他们已经足够成熟并且认识到自己学习英语是必要的，所以对于他们来说提升自主学习能力还是比较容易的。高职的英语教学主要是提高学生的英语应用能力，使学生在之后走向社会的时候可以和外国友人交流自己的想法。学生也都能认识到自主学习的好处，但是最主要的是需要学生有自主学习的意识，现在我国一些大学生存在的一个很严重的问题是到大学之后学习任务突然变得轻松就不知道自己需要做什么，只知道玩游戏等，荒废学业。教师应该鼓励学生学会自主学习，从而提高学生的自主学习能力。

（二）高职学生英语自主学习的现状

因为我国学生都习惯了被教师鞭策着学习，所以和国外的学生相比，我国的高职学生学习英语的自主能力很差，表现出来的就是仅仅学习教师上课时讲授的知识，对于英语教学内容不管理解与否，在课下都不会主动翻开课本学习，并且学生都把自己的学习成功归结于教师。他们从来不敢自己尝试参与课堂教学，因为他们担心自己设计的内容不够合理，不能覆盖全部的教学内容。这些都阻碍了学生英语自主学习能力的提升。高职学生自主学习能力不强的另一个原因就是，他们认为学习的进步取决于教师，而与自己没有什么关系，所以他们不能合理地安排自己的学习时间，也没有自己动脑去思考，在教师提问时仅仅是慌忙地翻书寻找答案而不是自己思考答案。总的来讲，目前我国高职学生的英语自主学习还存在着很多的不足。

（三）提升高职学生自主学习能力的措施

1.改变传统的教学模式

教师们特别容易犯的一个错误就是忽视学生学习能力的差异性，他们有的学习得快，有的学习得慢，由于高职英语教学内容多，学生一节课跟不上，后面的就都听不懂了，所以很多学生就会因此放弃学习。现在教师最需要做的就是改变教学模式，也就是说把课堂的时间交给学生，让学生能够有自己的思想，他们可以在上课的时候不用教师督促就能主动学习。高职学生一般都是成年人，应当学会自主学习，这样不管是在以后的学习生活中还是在就业之后都可以继续学习。

2.学生要利用好现在的技术条件辅助自己的学习

英语学习中避免不了出现很多自己不认识的单词，但是不能因为这个就放弃自主学习。学生在遇到不认识的单词时，可以先结合单词出现的实际语境猜测单词的意思，实在理解不了的话就可以上网查询，这样不仅效率高，而且还十分方便，特别节省时间。网上的学习资源很多，而且一些英语节目都特别有意思，学生在放松的同时也能够快乐地学习英语，而不会感到枯燥。在语言学习中，兴趣是很重要的，多关注一些英语节目对自主学习很有帮助。

3.掌握一定的英语学习技巧

学生对自己的学习情况要有一个很清晰的把握，要清楚自己的短板在哪里，知道除了每个人都需要完成的课堂内容之外，该怎样学习才能够提高自己的英语水平。还有就是要控制好自己，尽量远离电子产品，这是最基本的，因为电子产品上面有很多诱惑，可能会影响到自己。学生进行英语学习就要多听、多练，自己可以找一个没有人的教室放开声音练习口语，发音是否准确是说明语言水平高低的关键，一定要加强训练。对于语言的学习一定要坚持，只有坚持学习，学生的英语能力才会有很大的改变。另外，学生也可以找几个志同道合的朋友一起学习英语，互相监督学习、练习口语、交流心得。网上有很多学习方法，学生可以酌情借鉴，找到适合自己的学习方法。

自主学习看起来很简单，但是真正执行起来还是很麻烦的，首先需要有自制力，其次就是能够管理好自己的时间。高职学生的时间相对来说比较宽裕和自由，脱离了家长管束的他们，可能会遇到各种各样的诱惑和困难，最关键的就是能够管住自己，把自己需要学习的英语内容都规划好，并且要明白能够自主学习是一种很宝贵的能力。只要自己想去学习英语，并且愿意合理利用自己的课余时间，自己的英语成绩就能变好，自主学习能力也会提升。

三、高职英语课程的设置与教学内容

（一）高职英语课程设置

高职英语教学实践与其他学科的教学实践一样，都必须随着社会的发展、教学形势的变化而不断地改革，并且高职英语教学实践的改革也必须与其他学科的教学改革一样进行全面的改革，无论是具体的课堂教学，还是教材的编写、课程的设置，都要进行改革。

下面笔者就结合自己对高职英语课程的了解，参考其他研究者对课程改革的论述，对高职英语课程设置的现状与高职英语教学改革的具体情况进行详细阐释和说明。

1.高职英语课程设置的现状

仅就高职英语教学改革的实践来说，无论对于高职英语这一学科而言，还是相对于教学活动而言，都是高职英语教学改革应该研究的对象。因为，学科也好，活动也罢，它们都会对学生知识的学习和能力的培养产生重要的影响。

高职英语课程的设置现状有许多问题值得研究者关注，下面笔者仅就课程设置中存在的重点问题进行说明，但这并不代表目前的高职英语课程设置一无是处，关于这一点希望读者注意。换言之，下面提到的问题仅代表了高职英语课程设置改革的一个方向。

首先，高职英语课程设置的改革周期过长。高职英语课程的设置具有历史的传承性和革新性。这也就是说，高职英语课程的设置应该处于一个变化与稳定的矛盾之中。高职英语课程的历史传承性可以保证高职学生能够在具体的学习中获得完整的知识体系；而高职英语课程设置的革新性又可以使高职学生的所学与所需保持一致。但是目前的高职英语课程在其设置的过程中，传承性与革新性之间的变化过程却过于长久，因此导致课程设置表现出更新缓慢的特点。

其次，高职英语课程设置更新与就业发展差距较大。众所周知，任何一个院校的课程设置，任何一个专业的课程安排都应该与学生的学习需求保持一致。否则，与学生需求差异较大的课程设置不仅不能激发学生的学习兴趣，而且还会与社会的发展产生一定程度的脱节。而所谓的学生需求有两个层面的意思：在第一个层面上，学生的学习需求与将来的就业是保持一致的，即将来学生做什么工作，他就需要什么样的知识与技能。因此，学生的高职英语专业的课程设置应该与学生的就业需求保持一致。当就业形势发生变化的时候，高职英语的课程设置也应该随之发生变化。在第二个层面上，学生的需求是指其在具体工作岗位继续深造的学习需求。任何一个工作岗位对于知识与能力的需求都不是一成不变的，特别是在经济全球化速度加快的大背景下，高职院校在自己的英语课程设置中要考虑到学生将来继续学习的需要，这既是对学生负责，也是英语教学改革的需要。然而，目前在有些高职院校的英语课程设置中，针对学生就业需求的课程设置还存在一定的差距。

再次，高职英语课程设置与教材编写脱节严重。高职英语课程的设置应该与其所用的教材保持一致。否则，只有课程设置的改革会因为没有相应的配套教材而失败。如何才能拥有合适的教材呢？方法有两个：一是组织本校的教师进行校本教材的编写；二是根据自己的办学特色，选择适合的统编教材与课程设置配套。

最后，缺乏教育教学活动与教学内容相配套。众所周知，与教学内容相关的教学活动也是“课程”的具体内涵。如果把教学改革的目光仅仅集中于特定的学科教学，显然不利于教学改革，不利于满足学生的就业需求。因此，在高职英语教学改革的实践中，还应该把改革的焦点集中于特定的教学活动，因为特定的教学活动及具体的安排也是课程设置改革研究必须面对的课题之一。

2.课程设置对高职英语教学改革的影响

高职英语课程设置影响教学改革的思路。高职英语课程设置虽然只是目前的高职英语教学改革实践之一，但是如何进行高职英语课程改革却会影响到改革者对于教学改革实践的思考。例如前文提到的对课程设置问题的思考，如何结合广义与狭义的课程内涵进行课程改革的实践，既是课程改革的需要，也是拓展“教改”研究者“教改”思路的关键。进行“教改”者只有对“教改”进行系统性的思索，才能保证高职英语教学改革取得最后的成功。

（1）课程设置与学生实践安排

高职院校的英语教学与本科院校的英语教学有着明显的不同。它既注重学生的知识学习，又突出学生的专业特长。特别是对于后者而言，学生特长的培养是与学生的英语技能整合在一起的。在课程的设置中，高职英语专业课程管理者应该注重对学生实践活动的安排。所以，双证书制（专业能力证书与英语能力证书）成了目前各职业院校教学改革的重点。学生获得双证书代表着学生的英语能力与专业能力是和谐统一的，即专业能力与英语能力是一致的。在双证书制的引导下，学生的实践时间往往与其对知识的学习时间大体一致，甚至是实践时间多于知识学习时间。

（2）课程设置对教师执教能力的影响

课程设置对高职英语教师的执教能力产生重要的影响。特别是为了配合学校的教学改革，各高职英语任课教师还要思考校本教材的编写问题。而校本教材的编写过程，不仅可以提升任课教师的理论水平，还可以提升教师的专业知识水平。因为一套教材的编写，既需要教材编写者具有一定的理论知识，又需要教材编写者具有一定的系统知识。特别是高职院校校本教材的编写意图，使任课教师把握到学生的学习需求，更能使任课教师理解所教英语知识系统内部存在的规律，而所有的这些又都是任课教师确定自己教学策略的基础。

（3）课程设置对学生学习的影响

课程设置对学生学习的影响可以分显性影响和潜性影响两部分。课程的显性影响可以从目前的学生成绩中得到相应的反馈信息；课程的潜性影响则可以从学生毕业后的继续学习中长远考察。虽然课程设置的潜性影响并不明显，但是作为一个课程设置的研究者也不能忽视它的存在，更不能忽视它对学生将来发展的影响。所以说，在教学改革的实践中，探讨有关课程设置的问题一定要涉及课程设置给予学生的潜性影响。

总之，课程设置的改革也是目前高职院校英语教学改革实践应该关注的课题之一。高职院校英语课程的设置不仅会对英语教学改革的思路产生影响，而且还会在微观的层面上，对具体的教学活动、对任课教师的执教能力以及对学生的继续学习产生重要的影响。

（二）高职英语教学内容

高职英语教学对学生的要求，无论从英语教学内容的把握上，还是英语教学方法的运用上，与普通大学相比都有很大的差异，即很多适合于本科学生的教学方法和内容并不完全适合于高职学生，高职院校应该采用更适合、更贴近、更符合高职学生实际情况的英语教学内容和教学方法。

1.高职英语教学内容应贴近高职学生的培养目标

高职高专公共英语课程是我国高等教育中的一个重要类型，它同本科公共英语一样，与其他课程一起担负着提高学生全面素质的重担。因此，高职英语教育并不是低于普通本科教育或处于不重要的地位，恰恰相反，它不但与本科教学同样重要，而且还应予以特别的关注。长期以来，很多学校常常在本科和专科都使用同样的教材，而且教材多是适用于本科学生的，这使得高职学生在英语学习过程中会遇到更多困难，也使他们更容易对英语学习失去信心。其实，本科教育与高职教育既有关联又有一定的区别，既有可以共同遵循的规律，又有其自身的特点，其根本原因在于它们彼此有着不同的培养目标，正是由于最终的培养目标不同，它们所应当走的英语教学道路与教学方向也就不同，其教学内容也必然有所不同。高职教学的特点是直接向某一岗位输送专门的人才，因此，英语便成为高职毕业生就业时在某一岗位上的一种实用工具。因此，在高职英语教学当中，教师引导学生打好英语基础，提高这门语言在实际生活当中的应用能力就显得尤为重要。

教材是教学不可缺少的部分，选择什么样的教材就决定什么样的教学内容。因此，高职院校应避免选择内容过难的教材，教材中的文章篇幅不宜过长，也不宜有太多的长、难句子，应当符合高职学生已有的知识水平，若超出其接受水平的话，就会使学生产生逆反心理，从而对英语学习失去信心。同时，相关人员也应注意文章内容是否有趣、生动，是否与现实生活紧密联系，能否对学生将来所从事的职业有所帮助，这些都是使高职学生对英语学习产生兴趣的不可忽视的环节。笔者在近几年的英语教学实践中发现，高职学生对一些故事类、文化类和与他们所学专业有关的内容更为关注，更容易投入精力学习，也更容易接受，可见，学生对今后在工作、生活当中如何运用这门语言更感兴趣。

除了单词、语法等基础内容之外，语言的日常表达也是英语教学内容的一个重点。很多学生在基础知识的掌握方面下了很大功夫，但他们的语言水平和实际应用语言的能力却没有明显提高。他们会写命题作文但不会写英文简历，读得懂试卷上的文章，却读不懂英文使用说明书，甚至不会用英语接、打电话，无法适应社会对他们的要求。因此，作为一种语言，英语在其课程内容的设置上也应与时俱进，符合社会发展变化的要求以及今后职业岗位的要求，使学生掌握及时的、最新的英语知识，掌握更多与工作、生活息息相关的内容。与此同时，高职英语教学不仅应注重培养学生的阅读和写作能力，而且要提高学生综合运用语言的能力。只有这样，才能使高职高专的学生在充满竞争的社会环境中不逊色于普通本科学生，从而得到社会的认可，找到属于自己的“用武之地”。

2.高职英语教学方法应适合高职学生的自身特点

高职教育的内在要求决定了高职教育更需加强实用性教学，而公共英语作为高等教育中一个必不可少的因素，也应该从自身特点出发，积极探寻适合于高职学生的教学方法。

在我国当今的教育体系中，素质教育已经深入小学、中学的各个阶段，高等教育也无法停留在以往的教育模式上。即使教学内容再丰富多彩，教学设置再充分，如果教学方法不得当，不能够将教学内容完全讲解，不能把课堂变得生动，或无法调动学生的积极性，让学生扎实地掌握这些学习内容的话，那么教学也是失败的。笔者在对高职学生进行英语教学的过程中发现高职学生的耐性不是很好，如果用单一的教学方法很难使他们集中注意力，而且传统的讲授方式并不易被他们所接受，相反，采取一些创新的、活泼的方式会大大提高他们的学习积极性。所以，教学方法多样，善于挖掘学生潜能的一些教学方法也是高职英语教学中不可或缺的重要组成部分。

从高职高专英语教育应当注重培养实际应用能力这一特点来看，在教学方法中，能够培养学生分析和解决问题、独立思考和独立工作能力的方法，或在课堂教学中，采用研讨、辩论、演讲、写论文、写报告等挖掘学生潜力的方法都是十分必要而且是有效的。相对于比较死板、守旧的教学方法，高职学生更喜欢活泼、生动的课堂，能将教学内容与现实生活联系起来的方法特别受学生欢迎。在大学教育中，一堂课一般是一个半小时，如果教师在这一个半小时的时间里一直在讲，那么，不仅教师会觉得疲劳而忽视很多应当指出的知识点，学生也无法在这么长时间里一直集中注意力，更不会对教师所讲的内容进行全面思考。学而不思，学生是无法真正掌握全部知识的。

缺乏互动的课堂只有知识的传授者，没有实际意义上的学生，那么，这就不能算是真正意义上的课堂。因此，在教师的引导下，学生和教师之间能产生互动，学生与学生之间能产生互动，学生能将课堂上教师提出的问题或所讲授的知识在自己的头脑中留下印象并能学会应用的教学方法才是合理的方法。例如，转换角色教学法，就是指在课堂中，把过去以教师为中心的“一言堂”变为以学生为中心的“多言堂”，讲解的时候由大家一起讲，改错的时候由大家一起改，甚至可以说，学生在课堂上扮演的是教师的角色，真正将知识点表达和很好运用的是他们自己，而教师在其中只是扮演组织者、指导者、参与者、帮助者和评判者的角色，让学生在课堂上成为真正的主角，通过他们自己的组织，将课堂所学内容在他们讲的过程中转化成他们自己的知识。因为语言是“练会”的而不是“教会”的，因此，必须强调学生的主动参与，只有“练会”，才能真正使他们掌握知识。

高职英语教学应在实际应用上寻求改进。随着高职院校逐渐走向成熟，高职院校的英语教学也要走出自己的道路，把英语教学和当前社会需求联系起来，让英语学习在高职院校活跃起来，让学生能在高职院校体验全新的、适合他们的英语学习，充分感受到英语带来的快乐和价值。

一是课程设计要有针对性、多样化，要坚持以学生为中心。在教学中避免“一言堂”式的以教师为中心的教学，避免在对待不同专业的学生时采用同一种教学方法和内容，教师应着重讲解更贴近生活、更符合他们在今后的工作岗位中所能使用的知识。如国际贸易、计算机、旅游等专业就需要多说和多练，加大英语听说教学的力度，注重学生的口头表达能力，可以多为他们设置一些有关旅游或酒店类的场景，让他们充分发挥自己的专业知识，了解英语与他们的专业知识其实是密不可分的，使他们意识到在将来的工作中英语是一种必不可少的技能；而针对建筑、艺术等专业，可以给他们介绍一些关于国外建筑、绘画等贴近他们专业方面的知识，激发学生对英语的热情，使他们对这门课产生兴趣。

二是丰富教学资源，创造良好的教学环境。从教学手段来看，教师必须充分利用现代教育技术。正如多元智能教学理论所提出的那样，在有效的课堂教学时间内，利用好纸质、语音、PPT、网络等，为学生自主学习提供条件，从语言、视觉、肢体等各方面刺激学生对学习的热情，提高课堂教学成效。如在听力方面，可从网络上选择内容，为学生提供丰富的学习资料，甚至可选取时下流行的音乐、影视片段等，让学生愿意听、愿意学；在口语方面，也可以让学生把网上有趣的英语材料在课堂上进行交流，若材料吸引人，学生就会有话可说，就能使他们积极参与，提高口语能力；在阅读方面，选取语言新颖、有生活气息、题材广泛的内容，通过 PPT 展示、讲解，帮助学生培养语感，使他们能够掌握最新的词句，提高语言能力，同时也可了解世界各国的文化，丰富自己的阅历；在写作方面，引导学生利用电子邮件、微信、微博等形式与教师和朋友进行交流，激发他们学习英语的兴趣，帮助他们建立英语学习的成就感和自信心，使他们在感受到快乐的同时掌握知识。

三是注重英语教师业务水平及素养的提高。为保证教学质量和有效的教学管理，高职院校必须注重教师队伍的素质提升，如对他们进行关于教学方法的培训、要求他们加强教学方法研究等；鼓励教师不断提高自己的知识层次，不断进行教学及科研方面的创新，提高自身的业务水平，在条件允许的情况下，可到国内外知名的大学进修；也可鼓励教师考取其他相关专业的研究生。作为高职英语教师，只有自身的知识丰富，才能收到理想的教学效果。

四、教师发展方面

随着高职院校的发展，学生学习的专业更加细化。很多高校针对自己学校的实际情况，对高职英语教学的课程、教师发展等进行了相应的调整。

王守仁教授指出，大学英语教师应不断调整自己的角色和职能，坚持走专业化发展的道路。英语教育改革的推进，要求教师按照专业发展的性质，促进学生的能力发展。

（一）高职英语教师的发展方向

当前，高职院校的英语教师分为两类：公外英语教师和专业英语教师。公外英语教师专门从事非英语专业学生的英语教学，所授的高职英语课程主要为实用英语和视听说英语课程。教材内容的更新频率不高，高职英语教师进行多次重复教学，知识更新的程度不高。高职英语教材的内容主要是围绕实用性的内容，但学生的应用性能力未能充分体现出来，对英语教师造成严重的依赖性，英语教学的发展很难继续前进。专业英语教师对英语专业人才的就业需求方向缺乏了解，教学任务往往拘泥于理论性的内容，不利于应用型人才的培养。

专业的需求需要一支专业化发展的英语教师来补充。教师是教育教学改革的开拓者和执行者，英语教师的教学改革对于学生的需求来说是不可或缺的。高职英语教师应当转变教学思维，积极拓展教学研究新领域，向专业化英语教师方向转型。这就要求英语教师必须不断学习、思考和创新出一套成熟的教学方式。从自身经验出发，结合行为研究，有计划地观察、分析教学实践中遇到的问题，探索教学模式，不断提升自身水平，提高教学实践经验。也可以建立合作小组，共同研究、开发教学模式，提高相应的专业技能和教学能力。

英语教师的发展必须要结合专业方向，在所有教育改革中教师发展应居于中心地位。英语教师发展应成为英语教师自身发展的客观需求。只有当英语教师自身意识到在教育理念、教学能力、专业知识等方面的不足之后，英语教师才能将这些不足化为自身专业发展的内驱力，提高自身的综合能力。

（二）高职英语教师承担的角色

英语教师的作用在于能够给予学生在学习上的建议，对学生的学习起到积极的促进作用。英语教师应该不断提高自身教学水平，采取不同的教学形式，以符合学生的专业化学习，对学生的就业引导起着积极的作用。

高职英语教师在具体的教学过程中承担着不同的角色：

1.教材的设计者

高职英语教材是英语教师从事教学活动、学生学习英语知识的主要素材。英语教材的选择对教学目标和要求、教学大纲的制定和课堂教学活动的开展起着决定性的作用。然而，当前高职英语教材过多地强调文章结构及理论学习，对学生的生活以及应用技能强调得甚少。

高职英语教师是英语教学改革的执行者，他们常年从事英语教学工作，最了解学生的需求、水平和技能。在编写高职英语教材过程中，高职英语教师能够更好地将英语学习任务、学生的生活现状以及专业技能知识有机地结合起来，从实际出发，提高教材的利用率和受欢迎的程度。高职英语教师能在教学过程中及时反馈教材的不足，然后进行修改和调整，提高教学水平和教学质量。

2.学生学习的直接引导者

高职英语教师对学生学习英语的积极性起着直接的引导作用。英语教师的教学水平、语言修辞能力以及教学态度对学生的学习影响很大。学生的英语学习兴趣度也演变成了不同的学习模式，他们更加愿意接受具有互动性的教学模式，这就要求英语教师在教学过程中采用师生互动循环的教学模式。

随着互联网的发展，网络课程教学对于传统课堂教学是一种有效的补充。英语教师不仅要掌握先进的网络技巧，而且还要学习大量的软件知识，推动学生课后自主高效地实现学习目标，充分发挥网络学习的优势。

总之，高职英语教师要不断转型，要向专业化教师方向发展，把专业和英语相结合，开拓一种全新的教学模式，这种全新的教学模式能对高职英语教师的发展起到积极的促进作用。

第四章　影响高职英语专业学生就业能力的因素

第一节　就业能力的内涵、构成、意义

随着高等教育的不断发展和招生规模的不断扩大，大学生的就业问题越来越成为高校和社会亟待解决的问题。大学生的就业关系到家庭的幸福和未来、关系到整个社会的和谐和稳定。学生无法实现就业，带给家长和学生的不仅仅是家庭的沉重负担和学生自身的挫折与失败感，甚至会造成他们对接受高等教育和当今高等教育水平的质疑。

而解决大学生就业问题的重要途径就是提升大学生的就业能力，作为就业主体的大学生，其自身具有较高的就业能力是实现就业的必要条件。在当今知识经济时代，社会和企业对于人才的定义已重新被定位，不再仅仅看重学历和分数，更注重的是看是否具有社会和企业所需要的能力。这就要求当代大学生除了注重专业知识的积累外，要根据社会和企业的需求，培养和提高自身的就业能力，在职业中发挥竞争优势，实现自我价值。与此同时，伴随着全球一体化的进程，国际竞争越来越倾向于高素质人才的竞争，而作

为具有高素质的青年学生，其就业能力则成为各国关注的焦点。从某种意义上讲，一个国家青年学生的就业能力决定了该国未来发展的国际地位。因此，研究和探索提高大学生就业能力具有重要的现实意义和实践价值。

一、就业能力的内涵界定

（一）就业能力具有“能力”的所有特征

何为能力?我国心理学工作者通常把能力定义为“符合活动要求、影响活动效果的个性心理特征的总和”。从这一定义中可以看出，能力区别于知识和技能。首先，能力是一种个性心理特征，是一种被固定下来的概括化的东西，这种概括化并非行为方式概括化的结果，而是调解行动和活动的相应心理过程概括化的结果；其次，能力具有广泛的迁移度，它一旦成为个人的特点时，就可以迁移到不同的场合，在极广的范围内起作用。因此，就业能力作为能力的一种，具备“能力”的一切特点：高度概括性和广度迁移性。

（二）就业能力的界定

在西方，就业能力的准确界定，到目前还没有统一的定义。对于就业能力的概念，国际劳工组织指出，就业能力是个体获得和保持工作、在工作中进步以及应对工作生活中出现的变化的能力。英国原教育与就业部把就业能力解释为获得和保持工作的能力，即就业能力是在劳动力市场内通过充分的就业机会实现潜能的自信。在国内的研究者中，最早提出“大学生就业能力”这一概念的是吉林师范大学的郑晓平教授，他认为：“大学生就业能力是指大学毕业生在校期间通过知识的学习和综合素质开发而获得的能够实现就业理想、满足社会需求、在社会生活中实现自身价值的本领，大学生就业能力是一种综合能力。”在概念的定义上，郑晓平教授的观点可谓代表了国内大多数研究者的观点，将就业能力普遍理解为学生发现、获得并保持工作机会的综合能力。

关于“就业能力”的定义，首先，“就业能力”应在区别于知识和技能的前提下去理解和界定，它是关系到大学生能否顺利就业的个性心理特征的总和。其次，就业能力不同于“职业能力”，后者指的是个体胜任某种特定职业的程度；而前者则是指在不同领域中就业所需要的能力，其强调的是“不同职业的共同需要”，不受特定职业场所或情景的制约，可以在不同场合下迁移。

二、高职生就业能力的构成分析

综合国内外的研究成果，笔者认为高职生的就业能力可从知识要素、技能要素、个人要素和求职要素四个维度进行细分。

（一）知识要素

高职生就业所应具备的知识要素主要包括：专业理论知识、各学科的基础知识。高职领域由于过度解读“就业导向”这一教育理念，出现了一系列问题：把高职教育降低为职业培训，在个别方面甚至低于中职的要求，毕业生所获得的专业理论知识过于零散甚至是过少，技术含量也大不如前，使得高职生就业能力降低，就业质量随之下降。高职生的专业理论知识一定是高于中职生的，与本科生相比，其理论深度稍低些，这样高职生才有自己的生存和就业空间。各学科的基础知识是高职生后续发展的基础，也是未来转换工作岗位的支撑。

（二）技能要素

高职生就业应该具备的技能要素主要包括：专业实践能力、社会实践能力。专业实践能力包括技术应用能力、专业技能、专业特长等。社会实践能力包括人际交往能力、沟通协调能力、团队合作能力、任务执行能力等。

（三）个人要素

高职生就业所应具备的个人要素主要包括：职业素养、分析性思维能力、社会适应能力等。其中，职业素养包括道德品质（职业道德）、职业精神等；分析性思维能力包括分析判断能力、解决问题能力等；社会适应能力包括心理调适能力、抗挫折能力、抗压能力等。

（四）求职要素

高职生就业所应具备的求职要素主要包括：自我认识能力、职业生涯规划能力、求职信息处理能力、自我推销能力。

所有这些能力都应该是高职生所应具备的，或者说是在高职学习阶段应该培养和提高的，而这些能力又并非是孤立的，它们常常是互相联系的。因此，就业能力的培养和提高单靠一门课程或者一次活动等简单的形式是难以达成的，需要高职院校统筹考虑，将其作为一项系统工程来抓。

三、就业指导的作用和意义

就业是民生之本。高校毕业生充分和稳定的就业，对于经济的繁荣发展和社会长治久安具有十分重要的作用和意义。

就业指导有助于经济发展。发展经济的目的是提高全国人民的生活水平和质量。社会成员得不到充分就业，将难以将人民生活水平和质量的提高变为现实，经济发展的后劲和原动力也会不足。社会进步来自于人的创造，在实现中华民族伟大复兴的过程中，建设的主力军就是大学毕业生。开展就业指导最直接的目的就是帮助大学生充分就业，让每个大学生都满意就业，这将关系到现代化建设的成效和人民群众的根本利益。

就业指导有助于促进社会稳定。社会稳定是社会发展的前提。我国现代化建设的经验告诉我们，只有稳定才能发展，如果就业问题得不到解决，必定造成人心不稳，社会动荡不稳。

第二节　高职院校毕业生就业能力现状

近些年我国高职院校发展迅速，毕业生的就业难问题也逐渐突出。这不仅对高职毕业生以及高职教育事业未来的发展形成了一定的制约，同时也逐渐成为影响当前高职教育发展质量的关键。为此需要针对当前高职毕业生自身就业以及就业能力的现状进行相关的研究，从而利用相关的理论知识对高职毕业生的就业问题进行相关分析，从中制定出有针对性的相关策略与优化方式。

随着我国教育体制改革的不断深入，高等教育水平也有所提高，我国的高等教育逐渐与社会主义市场经济体制相适应，教学模式的转型逐渐成为当前办学规模扩大的主要原动力，教学体系结构也日趋完善，对于我国高等职业教育的发展起到了极大的促进作用，其逐渐占据了我国高等教育的半壁江山。高等职业院校毕业生的自身就业能力和就业水平将直接关系到我国高等职业院校的可持续发展以及生存问题，同时它既是高等职业院校办学方向的重要依据，也是衡量高等职业院校办学水平的重要指标。对于我国高职院校毕业生能否顺利就业问题的探究，也已成为高等职业教育关注的核心问题之一。

一、当前高职院校毕业生就业以及就业能力现状

（一）高职院校毕业生就业现状

当前高职院校毕业生的就业现状并不乐观，在就业难的大趋势下，高等职业院校毕业生也难逃就业难的问题，就业率虽然逐渐提高，但其本质上的就业难度却仍然很大，就业难问题仍然存在。我国高等教育自“精英化”转为“大众化”是高等教育的战略转变，但这也在一定程度上导致了高等院校学生自身水平的定位出现问题，大学生就业难问题也没有得到较好的缓解，高职高专毕业生的就业问题更是成了当前社会关注的重要话题。以山东省为例，高职院校毕业生的就业率呈现持续上升的状态，其增长幅度甚至高于同期的研究生与本科生，但其就业难度仍然较大，毕业人数的增加，以及不断增加的外部竞争群体等，都成了当前高职院校毕业生就业的阻碍，高职院校毕业生不得不去与同期的本科生以及中专毕业生相竞争，再加上相关的就业岗位的减少，以及其自身就业能力的不足等问题，必然导致较为严重的就业问题。

此外，不同学科专业之间的差异变得更为明显，就业受到经济发展以及市场需求的影响变得更为显著，尤其是在面对当前经济和产业结构迅速变化的趋势下，企业对于高职院校毕业生自身专业素养的要求日益提高，相关的专业限制也越来越明显。而这在不同地区之间也存在着较为明显的差异，发展不平衡的问题也逐渐成为了影响这一就业难题的重要因素，教育与区域经济水平将会严重影响其人才培养的要求和政策，从而影响毕业生质量。

（二）高职院校毕业生就业能力现状

高职教育本身是以服务为宗旨，以就业为导向的一种高等教育模式，而且高职院校毕业生的就业问题一直是党和国家关心的重要民生问题，但当前高职院校毕业生自身的就业能力并不能够充分满足相关的要求。所谓的学生就业能力便是指学生在校期间通过学习和实践而获得的，能够取得相关工作或者实习机会的能力，这一能力包括自我学习能力、实践研究能力以及最为重要的寻找就业机会、把握就业机会的能力，同时对于人际交往能力和持续就业能力也具有一定的要求。高职院校毕业生的就业能力是一种与职业息息相关的综合能力，是一种隐形的素质，直接影响其自身的就业质量和稳定性。但当前高职院校毕业生对于自身的认知不到位，相关的技能水平和职业能力也不完备，因此其自身的就业能力也必然严重不足，就业现状必然也会存在一定的问题。专业能力较低、社会能力缺乏以及职业生涯规划不完善等都是当前高职院校毕业生就业能力不足的具体表现。

二、高职院校毕业生就业以及就业能力问题原因分析

（一）高职院校毕业生就业问题原因分析

高职院校毕业生的就业作为一种社会行为，关系到当前社会发展的各个方面。高职院校毕业生就业质量既受到社会环境的影响，又受到学校自身教育因素的影响，同时还受到学生个体的影响。当前社会总体的就业形势较为严峻，相关的劳动人口年龄增长较为迅速，劳动人口数量增长较快，社会劳动供给与需求之间存在尖锐矛盾，从供给与需求方面来讲，当前富余劳动力过多的现状，必然导致就业困难问题。此外，用人单位和高职院校毕业生之间的联系较为欠缺，相关的就业机制和用人机制还不健全，往往会导致相

关人才流失问题，同时人才聘用制度和福利制度的质量较差，新人很难适应相关的用人单位现状，往往会形成新的用人问题。

学校方面，高职院校的人才培养目标不明确，相关的目标定位不准确，很难为市场提供其需要的专业化人才，在实际的人才培养过程中，缺乏对于专业人才全面的培养，较难适应市场的需求，进而导致与市场需求之间的脱节。

（二）高职院校毕业生就业能力问题原因分析

高职院校毕业生就业能力问题作为当前就业困难问题的重要组成部分和相关的影响因素，目前已经逐渐成了当前影响高职院校毕业生就业问题的主要原因。当前，高职院校毕业生自身就业能力不足，往往是由于就业“定位”不准，就业期望不切实际。在当前高等教育大众化的背景下，必然会导致毕业生自身就业岗位的大众化，而当前高职院校毕业生对于这种就业大众化的趋势仍然难以接受，对于自身的择业定位缺乏正确的认识，没有认识到自身就业的岗位便是生产和建设的第一线，不愿意从事相关的基层生产工作，在进行相关的择业时往往好高骛远，对于简单的工作瞧不上，但难度较大的工作却又做不了。

此外，有些高职院校毕业生自身的素质较低也是造成高职院校毕业生就业难问题的重要原因。当前，社会发展需要全面发展的高素质人才，对于用人单位的要求，部分高职院校毕业生不能满足要求，甚至与之存在较大的差距，企业需求得不到满足，自然会出现就业岗位与择业人员之间的冲突。而企业需要的是素质高的高职院校毕业生，能够实现不用培训直接上岗，这样必然导致对于劳动者自身的整体素质要求的提高。

三、高职院校毕业生就业问题优化策略

（一）外部环境优化

对当前外部环境的优化，需要从社会和高校两方面进行相关的优化实践。在社会方面，国家应该贯彻实施相关的“双向选择”市场就业模式，并完成对于人才流动政策、灵活就业政策等相关政策的贯彻实施，同时平衡各地方政府实施政策的节奏，避免政策得不到落实，相关的配套政策和人事档案的接受政策一定要完善，建立高职院校毕业生与社会之间的联系。而在高校方面，需要能够有针对性地完成对于高职院校人才培养目标的准确定位，建立高校教育与市场需求之间的联系，在有针对性地适应相关的生产、建设以及管理服务第一线的需求情况下，进行专业设计，从而有效满足市场需求。同时，高职院校还需要能够实现对于师资力量的优化，通过实训培养更适合高职院校需求的高职院校教师，从而实现对于师资力量的整合。

（二）高职院校毕业生自身优化

针对当前高职院校毕业生就业能力和就业问题，高职院校毕业生自身也需要通过努力，完成专业能力和专业素养的提升，从而提升自身的就业能力。首先，夯实自身的专业基础，通过相关的职业技能培训，将专业能力融入自身的学历教育中，使自身的职业技能和职业素质双双过硬，从而解决就业能力不足问题。其次，提高自身的综合素质，提升自身的软实力，以适应当前企业对于高职院校毕业生的要求，同时高职院校毕业生需要学习，掌握多学科知识和技能，以应对复杂变化的市场需求。这主要可以通过开设相关的商务礼仪、就业指导等课程完成对于学生个人魅力的培养，从而提高其相关的就业能力。最后，高职院校毕业生应学会制订自身的职业生涯规划，并

从实际出发适时调整，优化其规划。

当前需针对高职院校毕业生就业及就业能力的现状进行相关研究，利用相关理论知识进行分析，制定出有针对性的策略与优化方式。

第三节　影响高职院校学生就业能力的因素

随着我国高校扩张以及教育体制的不断深化改革，高职毕业生的就业情况总体而言不容乐观，高职学生的就业满意度、就业率都有较大的提升空间。高职学生普遍存在竞争能力不强、就业质量有限、就业优势技能较少等问题。高职学生的就业问题已经成为社会发展的重要问题之一，尤其对于高职院校本身而言，深度探索影响学生就业能力的因素，进而有针对性地提出就业指导举措显得至关重要。

一、高职学生的多样化择业观念

当前，就我国高职院校教育发展的实践而言，就业的导向性相对较强，但从高职学生的自身观念而言，尤其是择业观念，开始变得越来越多样化，主要呈现出以下几种与就业工作息息相关的择业观念：首先是犹豫不决型，对于自身的素质把握不足，因此不了解自身的优势和劣势，对于未来想要从事的工作不够明确，一方面存在理想化的倾向，另一方面也存在能力不足的短板，导致就业受到影响；其次，存在盲目就业的倾向，对于自身的认识自认为比较清晰，但是可能与自身的能力不符，因此出现眼高手低的问题，依就业公司的诸多要求来衡量，部分学生本身的素质难以达到公司的最低标准。同时对地域以及城乡之间的差异还存在歧视的心理，认为在乡镇、村里工作就是降低自身档次，对于部分岗位存在挑剔以及要求苛刻的现象；最后，还有一种仓促的就业心理，主要体现在毕业前就业准备不充分，导致到该就业的时候开始手忙脚乱，对于想要从事的行业认知不足，求职技巧以及相关知识也掌握不足，导致面对严酷的就业形势，产生严重的心理压力。除此以外，还存在消极的求职心理，一心依靠家人的关系或者就业指导教师，要求其提供适合的工作岗位，同时学生也存在为了逃避就业被动选择升学考试等其他手段，进而对于升学和就业两条路都产生了负面影响。这些不够成熟的择业观念是导致高职学生就业能力受到影响的重要因素。

二、高职院校对于就业工作的重视程度不够

从高职院校本身的角度讲，各个高职院校对于就业工作的重视程度存在差别，整体而言重视程度和工作方法仍然存在不足之处，主要体现在校企结合不够紧密。校企结合做得比较好的高职学校，通常学生的就业情况也较好，两者之间存在正相关的关系。从人才能力结构的角度而言，专班等模式的培养有利于学生更早地了解就业情况，评估自身就业水平，通常而言，对于企业更加了解以及有调研的学生，往往能够更好地处理企业和市场的需求。同时，高职院校在培养学生综合性就业能力的过程中，也应当着眼于落实资格考试的相关制度，对于高职学生的就业进行对口证照的培训以及团体报名。除此以外，在学校的硬件方面，高职院校对于实训场地的建设也显得至关重要，实训的专业性以及对口性对于整体教学而言显得至关重要，如果处理不好，会出现学生的就业技能整体水平不高的问题。

三、就业创业指导课程设计不够科学

当前高职学校开设就业和创业指导课程数目较多，但是课程的质量以及课程开设的效果却鲜有人关注，就目前的开设情况而言，存在就业创业指导课程与实际需求脱节等一系列问题，因此会导致就业工作的开展难以为继。同时，就业创业课程也在很大程度上表现出专业师资力量储备过少，总体水平十分有限，甚至部分学校就业创业课程教师本身都不了解当前的就业现状，通常指导教师都是由其他专业课程教师兼任，教师的精力和能力都十分有限。就业创业指导课程本身的课时量远远不能满足学生的实际需求，通常高职院校都是采取对于毕业班学生单独开设讲座的方式，这些讲座通常只是针对某一方面的课程，讲解常规的知识或者专业性较强的知识，仅仅针对毕业生开设。就业指导对于高职学生而言，应当贯穿于整个学习过程，现存的这种突击模式的指导课程本身存在的意义较小，实际的指导价值更小。由此可见，高职院校的就业创业指导课程本身虽然已开设，但是没能达到预期的良好效果，导致高职学生就业能力较弱。

四、就业教育与社会需要之间存在差异

当前，由于我国经济结构的调整以及改革，社会需要的人才越来越多样化，总体而言，对于人才的技能需求在不断提升，要求也在提升的进程中，社会需要的人才是复合型的人才。而就我国高职教学实践而言，往往培养的人才是某方面的专一人才，长此以往，社会对于高职应届毕业生会存在歧视现象，觉得他们的素质很难满足企业自身的需求，借以提高招聘门槛。这一方面为高职学生积累工作经验设置了隐形的门槛，总体而言是一个恶性循环；另一

方面，学生从自身发展考虑，在某一企业或者行业工作很短的时间，就认为失去了工作的兴趣，因此与企业需求之间发生矛盾，企业认为高职学生的离职率过高，进而导致企业人力部门对于校园招聘的重视程度远远不足，令高职毕业生就业难度一届比一届大。同时，高职学生的跳槽率过高也与就业教育中一些导向性的思想有关，导致学生认为跳槽是比较正常的现象。对于工作的态度不严肃、不端正也是导致高职学生就业能力受到质疑的原因之一。

第四节　高职院校学生就业能力的培养

在工作环境急速变化的现代社会，一方面是高职院校毕业生工作难找、就业压力激增，另一方面是人力、技术密集型用人单位难招聘到合适的人才。出现这样的尴尬与矛盾，高职就业教育课程的不足与高职院校对学生就业能力的培育缺失是重要的原因。这样的现状不仅影响了高职院校毕业生的整体形象，也不利于高职院校毕业生自身的职业发展。就业能力是影响高职毕业生就业的重要因素，也是影响高职毕业生职业发展的重要因素。本节尝试探讨如何在高职就业指导教育的视角下帮助高职学生提高就业能力，从而理解职场生活，高质量就业。

一、就业能力的定义

关于就业能力的定义，奈特和约克的就业力模型是目前认可度较高的理论模型，该就业模型将就业能力分为技能、自我效能感、理解力和元认知四个方面。因为高职教育具有区别于普通高等教育的应用型教育特征，肩负着培养应用型人才的使命，故而我国学者在对高职毕业生就业能力进行分析时提出了心理素质、价值观念、岗位技能、职业适应性、通用能力和职业素养等众多重要的高职学生的划分方向。

综合以上研究对就业能力的理解与分析，高职毕业生就业能力是指高职学生在获取职业、维系职业生涯及职业转换等就业活动中所需要的各项技能、知识、态度的综合能力。

二、高职院校毕业生就业能力的现状

以江西高职院校的抽样调查结果为例，只有少数毕业生表示喜欢现有工作岗位，能很快利用在学校所学的知识开展工作的学生占比不到调查总人数的 20%，表示自己第一份工作维持时间不超过半年的高职毕业生占比超过调查总人数的 50%。

这一调查结果与 2018 年就业蓝皮书的报告结果非常相似，该报告显示高职高专院校 2017 届毕业生毕业半年内的离职率为 42%，本科院校仅为 23%。在此届毕业生未就业人群中，高职高专院校毕业生的待定族比例高达 43%，本科院校仅为 24%。高职毕业生就业满意度等数据也同样处于相对较低的水平。

可见高职毕业生在获取职业、维系职业、职业规划等就业能力方面仍存在较大问题。

三、高职院校毕业生就业能力现状的成因

第一，高职就业指导教育定位模糊。虽然我国现在从国家层面强调“中

国制造”“大国工匠”，一直在着力提高职业教育的地位，倡导职业教育创新改革，但是我国的文化传统让管理类工作备受推崇，技术、应用类的劳动被视为无可奈何的选择，职业教育的地位依然尴尬。

学生接受学科教育时学习的是如何成为实践型的技术人才，但接受就业指导教育时，就业指导教师对于“好工作”的概念依然不自觉地以管理、文职类岗位为目标导向。在结合学生实际的实践型就业取向，帮助学生更好地认识此类职业，提升学生对该类职业的荣誉感，了解这一类型的工作现状及上升通道等方面的教育非常匮乏。

第二，就业课程培养的“找工作能力”与“就业能力”的要求相去甚远。在现行的高职就业指导教育教材中大量出现的依然是指导学生如何“找到”工作。但就业能力与找工作能力并不等同，它还包括维系工作、转换工作的能力。这就需要学生不止具备找到工作的基础知识储备，还需要具有职场适应性、职业素养等更深入的职场素质。

如果说学生在面试过程中的礼节是否完美，能看到的是就业指导教育成功与否之“皮”。在求职过程中学生是否真正如同职场人一样，有所求职业要求具备的素质就是考验就业指导教育成功与否之“骨”。现行的高职就业指导课程在这一部分的能力培养上依然任重道远。

四、高职院校毕业生就业能力提升的对策

（一）提高就业指导教师的水平，全面培养学生的就业能力

高职院校的就业指导师资力量主要来源于师范专业教师，这些教师具有扎实的教育理论基础，但对企业实践型人才的整体工作流程不熟悉。对于就业指导教育，学校须提高指导教师水平，调整教师队伍来源，引进真正有

企业工作经验、负责过招聘相关工作的人员补充教师团队力量，帮助学生了解就业现状；努力推进校企合作，让实践技术人员走进校园，帮助学生了解技术性职场人才需要具备的素质和前进的方向，让学生能够具有相关业务素养，能够受到用人单位的欢迎。

（二）制订就业能力专项培养计划

不同岗位所需要的就业能力有不同的结构，只有根据不同职业制订与之相匹配的就业能力培训计划才能有针对性地帮助高职学生。高职院校在对学生进行就业指导教育时，就需根据学生的专业特殊性选择不同的教育路径。因此高职的就业指导教育需要更加注重这种特殊的心理特征表现，寻找适合高职学生的特定引导模式。通过课程改革设置帮助学生认识自身专业，培养学生专业岗位知识、能力习得以及职业适应性的素质。

（三）深化校园文化，帮助学生获得成功体验

就业心态的构建并非一朝一夕的事，高职院校需要在学生的校园生活中，强化学生成为职业人的素质，需要整体校园环境的创建和校园教师的全员参与、引导。学校需要加强校园文化建设，宣传实践型工作者的优秀案例，通过学长、实践型职业达人的案例引导学生树立信心，相信自己也能成为精英。

第五章　在高职英语教学中培养就业能力的途径

第一节　就业导向下高职英语教学研究

作为我国高等教育的重要组成部分，高等职业教育为社会经济发展输出了大量的高技术人才。就业是关乎毕业生未来人生发展的大事，同时也是关乎国民经济稳定发展和社会安定的大事。高等职业教育的根本目标就是促进学生就业，以就业为导向成为当前高等职业教育的一项重要战略。而随着经济全球化的不断推进，作为国际通用的交际语言，英语发挥着越来越重要的作用。传统高职英语课堂教学只关注英语基础知识的学习而忽视了英语的实际应用，致使毕业生在就业时不能很好地适应职场，这就使得高职毕业生的就业形势更为严峻。因此，高职英语教学应该时刻以市场需求为发展方向和改革方向，着力提升学生的英语实用技能。

一、当前高职英语教学的现状分析

（一）教学理念和教学目标滞后

当前，高职英语教学理念较为滞后，偏离了高职教育以就业为导向的教育理念和教育本质，过于注重对英语语言知识的识记和背诵，忽视了对学生日常运用英语的能力特别是口语交流能力的培养，无视社会职业岗位的需求和社会发展对于高素质、高技能英语人才的需求。此外，高职英语教学过多地注重英语等级考试的通过率，并没有把学生职业能力发展作为主要的培养目标，致使毕业生眼高手低，适应不了社会发展的需要，面临着就业难的问题。

（二）师资力量薄弱，教学方式单一

高职英语教师应该具备丰富的专业知识和社会实践经验，但目前大多数高职英语教师的职业教育能力还有待进一步提高，并且单一的教学模式也难以引起学生学习的兴趣。具体来说，一是大多数高职英语教师具备深厚的专业知识，但社会实践经验较为缺乏，缺乏对英语实际应用能力培养的重视，未能深入挖掘高职英语的特点，致使当前的教学不仅体现不出高职英语的特色，还难以构建符合市场需求的高职英语教学体系。二是大多数高职英语教师固守传统的教学模式，坚持“以教师为中心”，奉行“教师教，学生学”的原则，采取单向灌输式教学方式，缺乏针对性、创新性和实践性。

（三）学生基础较为薄弱

高职院校扩招以后，学生数量明显增加，但是学生质量在某种程度上偏低，其英语基础也较为薄弱，这使得学生进入学校以后在英语学习方面有些力不从心。一方面，他们要补齐以前英语知识和能力方面的短板；另一方面，

他们也要积极适应高职阶段的英语学习，并有所提高。

（四）考核形式单一

高职英语的考核方式一般都是以笔试为主，缺乏对口语表达等实用能力的测试。一张标准化纸质试卷只能显示学生对书面英语的学习情况，根本无法全面评价学生的英语整体学习情况，不宜将其作为学生评优的唯一依据。有些高职院校甚至将英语等级考试与学生能否毕业挂钩，使得学生不得不去重视英语基础知识学习，只为能够顺利通过英语等级考试。这不仅让学生没有多余的时间和精力去提升自身英语的实际应用能力，无法学以致用，还极大地影响了学生学习英语的积极性和主动性，从长远来看，不利于学生就业能力的提升。此外，在考试结果出来以后，高职英语教师并没有对其进行必要的总结和反思，致使成绩较差的学生的相关问题不能得到及时解决。

（五）缺乏针对性强的高职英语教材

英语教材在英语教学中有着举足轻重的作用。一套好的教材不仅能够提高学生学习英语的兴趣，还能促进学生英语能力的全面提升。当前，高职英语教材表现出重知识、轻技能的特点，知识性的内容过多，实用性的内容基本没有，这样一来就无法满足学生在未来的工作岗位上应用英语的现实需求。现行英语教材的针对性不强，职业特点也不甚明显，成为高职英语教学效果提升的一大阻碍。

二、实施以就业为导向的高职英语教学的必要性

首先，有利于校企合作的实现。校企合作是目前高职院校普遍适用的一种人才培养模式，不仅有效地缓解了毕业生的就业压力，还实现了人才

的定向培养目标。高职英语教学可以有针对性地培养合作企业所需的人才，提高企业对学生的满意度，而相关企业也可以为高职学生提供交流、培训、实习的平台和相关的人员、技术支持，进一步提升毕业生的英语实际应用能力。

其次，有利于学生自主学习能力的提升。从某种程度上来讲，高职学生在入学之初英语知识基础就较为薄弱，学习的自觉性也不高，无论是学习能力还是学习动力都明显不足。而坚持以就业为导向进行英语教学，可以使学生意识到英语对自己今后的就业和人生发展有着直接且重要的影响，从而激发学生学习的积极性和主动性。侧重于实践的英语教学，可以对学生英语能力进行有针对性的培养，促使学生主动学习，亲身实践，为以后的工作打下坚实的基础。

最后，有利于学生专业素质和职业能力的提升。以就业为导向的高职英语教学能够促进学生提升英语综合素质，提高学生自身的职业潜能，更好地促使学生将理论转变为实践。高职英语教学由重理论知识转变为重实用技能，成为毕业生今后职业发展的一大助力。

三、就业导向下高职英语教学策略

（一）优化英语教学环境，活跃课堂氛围

首先，高职院校应该加大对英语教学人力、物力、财力上的支持，加快完善相关硬件设施，优化英语教学资源，加快建设现代化、信息化的英语教学平台，创设逼真生动的职业情境，促使学生提升自身的就业能力。其次，教师应运用现代教育技术活跃英语课堂氛围。利用多媒体辅助教学，将抽象难懂的知识外化为具体的教学情境，鼓励学生主动参与课堂教学，激发学生

学习的热情，一方面有助于营造良好的课堂氛围，另一方面有助于课堂教学实效性的提高。最后，注重实践教学，开拓英语学习的第二课堂。具体来说，将工作过程作为高职英语课程的主要导向之一，就需要高职院校模拟一定的职场环境，进行实践性教学，让学生亲身体验工作的过程，让学生真正认识到理论与实践相结合的重要性，并注重英语实用技能尤其是听说能力的提升。通过举办英语演讲比赛、开办英语角等活动，学生不仅丰富了自身的实践经验，还锻炼了自身的口语技能，为今后的就业奠定了一定的技能基础。高职院校应创设有利于英语学习的校园环境，利用网络技术丰富学生的第二课堂，使学生无论在何时何地都能学习英语，极大地满足了学生的学习需求。

（二）优化英语教学方法，完善教学评价体系

目前高职英语教学还存在着单向灌输式教学模式，不利于学生就业能力的提升。首先，高职英语教师应该摒弃单一的教学方式，采用多样化的教学方法，比如探究式教学法、互动式教学法等，鼓励学生主动建构知识，使学生真正成为课堂教学的主体。其次，教师应该从不同学生的实际出发，采用分层式教学法，因材施教，针对不同程度的学生给予不同的作业布置和课堂提问。最后，评价体系的完善与否直接关系着教师能否全面了解学生的学习情况和发展情况，直接关系着教学实效性能否得到提高。高职院校应该摒弃之前传统的应试教育的考核体系，不再单纯以书面考试成绩作为评价学生的唯一标准，而应该以就业为导向对现行的评价体系进行改革，丰富评价方式和考核方法，以便学生得到全方位的公平的评价。比如，针对学生的课堂行为表现进行课堂评价；针对学生参加课外英语活动的完成度进行课外评价；终结性评价方式与形成性评价方式相结合，也就是说在关注学生学业

成绩的同时，也要注重学生在学习过程中的进步，帮助学生树立自信、重新认识自我，发掘出学生各方面的潜力，促使学生认清自己的优势和劣势，以便明确自身努力的方向。

（三）提升英语教师素质，进行英语教材改革

首先，高职英语教师应该及时转变观念，不断学习，不断提升自身素质。高职院校应加快“双师型”人才建设，可以组织教师参加相关培训、去相关企业进行实地考察，促使教师时刻与社会接轨，便于教师在今后的教学过程中更好地将英语实用技能囊括进来。其次，高职英语教材不仅要包括实用型英语基础知识，还要包括日常交际等实践内容。与此同时，高职英语教材还要考虑到高职学生本身的英语基础，体现高职英语的特色，将就业作为首要目标。

当前，我国英语实用型人才偏少，而高职院校是培养实用型人才的主要阵地。为解决当前高职英语教学理念滞后、师资力量和学生基础薄弱、评价方式单一、缺乏针对性强的教材等方面的问题，实现以就业为导向的高职英语教学有着深刻的理论意义和实践意义。高职院校应该主动优化英语教学环境，促进英语教师自身素质的提高，编写针对性强的英语教材并促使教师运用多种教学方法和评价方式促进学生英语实用技能的提升，以便学生更好地适应未来的职场。

第二节　职业能力培养与高职公共英语课程教学

在社会经济快速发展以及教育体制改革进程不断深入的背景下，越来越多的高校以教育部颁布的课程改革标准为准则，调整自身的教育方向，明确自身的培养目标，不断进行课程改革，致力于培养更多适应当代社会要求的高素质技能型人才。对公共英语课程而言，要以学生未来的职业发展需求作为改革的目标，对公共英语教学内容进行一定的补充与完善，要针对职业当中常用的关键知识，从人才培养模式、实际应用等方面来提升学生的职业能力，满足学生未来的就业需求。通过改革公共英语课程来为国家、社会培养符合职业要求的高素养的懂英语的技能型人才。

一、当前高职院校公共英语课程教学存在的问题

（一）学生英语基础较差

伴随着我国经济发展层次的有效提升，我国的教育工作也开始产生诸多的现实变化。经济的发展离不开人才的支持，如今我国的各个行业都需要人才作为有力支撑，因而，对于人才的需求量巨大。然而，根据现实的发展情况来看，人才匮乏的问题依然突出。现如今，我国的很多高职院校都开设了英语课程，在具体的教学过程中，由于原本所设定的课程目标与一些学生的学习能力不相适应，使得人才的培养和人才的质量均出现了参差不齐的

情况。由于扩招等一系列原因，高职院校的生源质量不能得到有效保证，尤其是非英语专业学生，由于其在学习基础、学习能力和学习兴趣等存在着个体差异，因此他们的英语水平差距很大。统一的教学目标、内容、教学方法和评价标准严重影响了学生的个性发展和英语学习效果，致使学生的英语学习情况出现两极分化。如今很多学生因为自己的个人素质有待提升，缺乏学习方法等原因，直接导致了高职院校的公共英语课程在教学环节出现了许多棘手的问题。

（二）对应用能力培养重视不够

由于一些高职院校在进行公共英语教学过程中对于课程内容的定位不够准确，缺乏一定的现实性，直接导致学生的学习成绩不理想。高职院校在公共英语教学的过程中，往往不注重学习过程的关键作用，只是一味地传授英语知识，忽视了对学生的口语、听力等实际应用能力方面的培养，忽视了对学生实践创新能力和职业能力的培养，未能根据学生的个人差异因材施教，也未能及时将英语教学形势和本校学生的实际情况进行有效结合，最终导致学生的能力无法与市场需求真正接轨。高职院校的英语教学工作与其他高等院校之间依旧存在着较为明显的差距，如果不能及时地调整和改变，将会对高职院校的英语教学工作以及人才培养工作产生十分不利的影响。

（三）教学方法较为落后

当前，我国的诸多高职院校在进行公共英语授课的过程中，依然没有根据最新的教育发展情况进行思考和分析，仍旧沿用以往比较传统和落后的教学方式。课堂教学还是“以教师为主”，依旧采用“教师讲，学生听”的教学模式，对学生进行知识和语言的灌输，不重视学生主体作用的发挥，没有给学生提供足够的实践机会，使学生被动、消极地接受语言知识，进而使得学生在上课时缺乏主动性和参与性，直接导致课堂教学效果不佳，学生成绩不理想。正因为学生在上课时缺乏学习自主性和积极性，使得高职院校在公共英语这个科目的教学工作中面临着众多的挑战。与此同时，落后的教学方法不仅直接导致公共英语科目的教学效果不好，也使得许多学生对于英语学习缺乏足够的兴趣，久而久之，影响了学生对于英语科目的学习热情，也直接影响着学生的英语能力及职业能力的提升。

（四）师资力量不足

现在的高职英语教学已发展为多学科交叉，理论与实践并重，涵盖教育学、心理学、社会学等相关领域知识的学科，但英语教师还存在许多不足：知识面窄，知识结构单一；只懂英语，不懂专业；教师的理论研究水平仍处于较低阶段，无法进行教育教学实践。因此，学生职业能力的培养也就无从谈起。另外，高职院校的英语教师在个人能力上与诸多本科高校的英语教师之间也存在着一定的差异，在教学方式的创新与调整，教学内容的讲解以及教学方法的运用上都有显著的差距，直接导致高职院校的公共英语教学工作存在着较多的问题。这需要教师们不断学习，不断提升自己的教学能力。同时，高职院校也要更加重视师资力量培养，及时解决师资力量不足的问题。因为师资力量不足，当学生在学习公共英语课程遇到问题时，不能得到教师及时和精准的指导，长此以往，学生对于知识点的理解不够深刻，进而会直接导致学生的学习兴趣低下，影响到学习效果和能力的提升。

二、公共英语课程教学应加强对职业能力的培养

在传统的高职英语课程教学中，教师更注重对学生进行英语知识的传授，教学内容与专业的联系并不紧密，并没有考虑到学生专业方面所需的英

语知识以及职场环境下所需的英语能力。不论是课程的开设还是整体教学的实施，都没有将专业与英语学习结合起来，并且主要是以语法讲解、阅读理解等为主要的讲课内容，忽视了对学生的口语、听力等实际应用能力的培养。这使得学生语言表达能力较弱，只是学习英语的书面知识，缺乏将英语知识运用到实际工作中的能力，其实效性难以得到根本性的提升。而高职院校作为人才培养的摇篮，必须要注重培养全面发展的人才，使学生可以具备一定的职业技能，满足后期职业发展的需求，这样才能适应国家、企业、社会各方面对人才的要求。因此，必须要将提高学生自身的职业应用能力与学习专业基础知识相结合。学校在人本化教育的理念下，要科学设置课程结构，优化各项教育资源，完善教学课程，加强学生对专业理论知识的学习，强化对学生职业技能的培养，为学生职业生涯的长远规划奠定基础。学生需要具备较强的职业应用发展能力，需要具备协作、交流、创新等方面的能力，提高自身的工作效率和工作水平。学生应提前为岗位要求做准备，实现专业知识和实践的对接。在学生的应用能力有待提高、学生的英语职业能力的培养有所欠缺的情况下，大学英语课程教学改革应在英语教学中融入职业应用能力的相关内容，这样才能满足社会需求，改善学生的就业情况，提高学生的就业能力，实现我国素质教育的目标。

三、基于学生职业能力培养的公共英语课程教学改革策略

（一）课程目标职业化

高职院校要想使英语教学变得更加具有实用性，必须将英语教学与专

业知识相结合，设立一个以服务学生未来职业发展要求和提高职业能力为基础理念的英语课程改革目标，为学生英语职业能力的提升奠定重要的理念基础，促使英语课程教学改革的顺利进行。高职院校应该培养学生的英语专业能力，在公共英语教学课堂上，学生除了应该掌握基本的英语知识，完成教师安排的任务外，还要灵活运用所学知识。学校还应该在培养学生职业能力和岗位技能方面进行改革，课程应包含基础课程、专业技术课程、交流课程等，加大专业英语学习在整个英语学习中的比例。学校要对英语课程进行重新定位，要以培养专业人才为目标，不能盲目追求提高英语等级考试通过率，而应该以提高英语专业化程度为目标，如管理服务类专业应该以培养学生的交流能力为主，制造类专业则以能看懂英文资料文献为主。各个专业要制定具有专业特色的英语课程目标、教学内容、教学方法，以培养高素质的专业技术人才为最终目的。

（二）教学内容改革

由于学生并没有对公共英语课程给予足够的重视，没有深入思考英语在当今社会对未来职业规划以及自我职业发展的重要性，使其英语学习的意识较为薄弱。但不论是哪个专业的学生，要想得到长远的发展，英语方面的技能都应该是一项重要且必需的技能，对自己未来的发展尤为重要。所以，英语教学要特别强调英语和职业发展之间的联系，要积极引导学生抛除之前不正确的观念，结合自己专业的培养目标以及未来职业的要求，了解本专业学生需要在英语方面关注哪些重点，让学生意识到英语在自身职业规划里所占的重要地位。

在公共英语课程中，应该在保证听、说、读、写、译这五种基本能力的基础上，突出本专业的特色。不同专业学生有不同的培养目标，他们之后的职业要求在英语方面的侧重点不同，要针对不同的专业有不同的要求。如英语专业的学生更多的是注重语法、口语、翻译等方面的知识与能力；而与旅游管理专业的学生来说，其英语教学内容应当具有本专业的特色，像服务咨询、信息介绍等侧重表达方面的知识与能力。

（三）教学方法改革

高职院校要重视改革教学方法，从而有效提升学生对于英语学习的热情。例如，积极开展英语竞赛活动，根据学生的专业性质来组织竞赛活动，使得学生在竞赛过程中能够自己查找并练习运用一些专业词汇，从而增加学生的专业词汇量，并不断激发学生对于公共英语的学习兴趣。另外，也要鼓励学生进行自学，引导学生根据不同专业、不同基础来设定自己本学期要完成的学习目标，从而使学生发现自己的不足，明确自己的学习任务，更加积极地参与到公共英语课程的学习当中。

（四）师资能力转型

一般而言，高职院校的公共英语教师通常都是英语教育专业或英语翻译专业毕业的学生，教师本身的教学经验不足，且对于行业知识缺乏理解，因此，在具体进行公共英语备课和教学的过程中，难免会出现各类问题，一旦涉及到专业性的内容，则教学工作的开展便会遇到困难。同时，因为汽车维修专业、计算机专业、建筑工程专业的学生在学习公共英语时，通常涉及的专业类词汇较多，且各个专业和各个行业都是英语教师所不了解的，因此，高职院校的英语教师在教学过程中，不但要掌握和熟练运用英语知识，还要注重继续教育学习，掌握一定的行业知识，成为双师型教师。此外，还要定期邀请一些行业专家举办讲座，鼓励教师了解各个行业的基础知识，不断提升教学能力和水平。

学生要想在就业时有较强的竞争力，在工作后能顺利完成工作任务，其自身职业能力的提高就显得尤其重要。高职英语课程的改革应该基于当前社会的发展形势，明确教学目标是服务于学生的工作要求，加强教学改革，重视学生职业能力的培养，在巩固学生的基础语法知识的同时注重培养学生的翻译、交流等实践能力。目前，公共英语教学还存在一定的局限性，需要转变人才培养的观念，提高课程设置的合理性，慎重选择教学手段和方法，丰富教学内容。只有全方位地进行改革，才能更好地实现英语教学的目标，为学生提供职业能力方面的培养。同时，对于公共英语课程，还应当加强校企合作、工学合作，要让学生在实践中体会到工作本身对英语方面的需求，以全面提高自己的素质。

第三节　以就业为导向的高职护理英语教学模式

随着时代的迅速发展，我国的教育领域进行了多方面的调整和优化，生成了许多全新的教学模式，也加强了对学生这一主体的关注度，以期获得较好的教学效果。但是在实际的高职英语教学过程中，大都是以理论为基础开展的，缺乏相应的实践教学。高职护理英语本身是以职业为基础，若忽视了英语的教育本质，过于关注英语理论教育，学生学习的知识便缺乏实践练习。

一、树立明确的学科就业导向意识

在高职护理英语教学开展过程中，教师应当树立明确的学科就业导向意识，努力使学科实践朝着学生的就业方向发展，为学生提供相应的实践引导，持续提高学生学习的积极性。高职护理英语本身是针对医疗护理专业所展开的英语教学，因而在教学方式和理念的应用上，教师必然需要具备相当明确的学科就业导向意识，只有将学科的相关知识融入就业导向当中，才能为学生的就业提供有效的引导。高职护理英语的本质在于语言交流，而医疗护理在当前的发展中已经越来越具备国际化的特征，教师的教学应当从学生的就业实践出发，了解学生在工作交流过程中可能出现的各种问题，然后有针对性地进行解决。比如，很多学生虽然在高职护理英语的学习过程中打下了相当深厚的理论基础，但是并没有相应的实践能力，容易在实践交流的过程中出现各种问题。对于这样的状况，教师应当努力引导学生进行护理英语交流，将他们所学习到的英语知识最为直接、有效地应用到工作当中，提高学生的英语交流和实践能力。

二、给予学生自主交流实践的空间和时间

在传统的高职护理英语教学过程中，所有的教学活动都是围绕教师来开展的，学生在课堂上并没有很强的学习兴趣，整体的学习也是一个被动接受的过程。很多学生在这样的课堂上，即使接受了大量的英语知识，也是完全被动地接受，并没有实现主动学习和应用，因而必然会存在较多的问题。而教师如果不能对学生实践中存在的问题加以解决，将直接影响学生护理英语的交流实践能力，不利于他们以后的就业和成长。在这样的状况下，教

师需要打破传统传授式教学的局限，努力尝试全新的教学方法，并尽可能给予学生自主交流实践的空间和时间。例如，课堂上在教授完本节课内容后，教师可以安排学生进行相互交流和沟通，引导学生以课本当中的英语对话为基础，展开相应的交流，将所学的英语知识应用于实践中。对于学生在自主交流过程中出现的问题，教师需要加以总结，并在课堂上进行纠正。但是不可以过多地干涉学生的英语交流，应当给予他们足够的交流空间和时间。只有这样日积月累，才能收到良好的教学成效，提高学生的护理英语应用能力。

三、情境教学在高职护理英语教学中的应用

高职护理英语本身具备相当强的职业性质，如果离开了就业这一导向，那么相应的教学开展必然会存在相当多的问题。如今，我国的高职护理英语教学已经进行了多方面的优化，但是相应的职业特征依旧无法整体性地呈现出来。之所以会出现这样的状况，本质原因是高职护理英语的应用较为复杂，需要与实际的医疗护理相联系，而高职院校很难为学生提供相应的实习场所。在这样的状况下，教师需要创新教学模式，努力为学生创设一些科学的护理情境，让学生在感受护理情境的基础上，持续用英语进行交流，不断提高学生学习的有效性。这一教学实践的开展，本身是以就业为最终导向的，但是高职护理专业的学生在就业方面往往存在一些问题，如果学生的基础英语实践能力和应变能力不足，那么很难实现良好的就业，因而这一专业的学生需要进行多方面的训练，不断提高自身各方面的素质和能力。教师在创设高职护理英语教学情境的过程中，还需要考虑到学生对自己未来就业认知存在的主要不足之处。如一部分学生虽然已经在交流能力上具有了很高

的水平，但是对于医疗护理的知识却严重匮乏，因而很难满足就业需求。教师应当针对这部分学生进行持续的职业强化，不断增强学生的职业意识，提高学生对高职护理英语的认识，促进学生的最终就业。

四、加强与合作医院的深度融合，使高职护理专业英语课程内容更加详细

校企合作是提高高职教学质量与学生就业率的重要途径。高职院校护理专业在制订教学计划与人才培养方案的过程中，要充分考虑到护理专业学生在学习中的宏观需求，对课程内容、需要培养的能力、学生的各项需求等必须有充分的认识，可以鼓励医院的优秀工作人员与护理专业英语教师共同研究开发教材，将医院的一些护理知识作为英语课堂教学的重要辅助材料。学校根据实际情况鼓励更多护理专业的英语教师了解相关的护理知识，提高护理专业英语教师的各项能力。总之，不论是学生、学校还是医院，都应该从本质上认识到学校与医院合作是一种双赢的状态，三者必须以积极的态度共同参与到合作中去，为学生将来的就业发展奠定良好的基础。

总体而言，高职护理英语本身是一门职业化的英语学科，如果对于这一学科的教学采用传统的传授式教学模式，仅仅注重理论而忽视实践，将在很大程度上阻碍学生的就业发展。为此，教师应当在高职护理英语教学当中进行多方面的创新，以就业为导向，持续优化高职护理英语教学模式，努力实现高效率的教学流程，提高教学质量。

第四节　以就业为导向的高职英语教学创新策略

在全球经济一体化的今天，英语作为国际通用语言在我国教育教学中占据了极为重要的部分。而我国高职院校的教学目标在于培养出综合实践型人才，所以在开展高职英语教学过程中，应当结合企业的需求，以就业为导向不断创新其教学方式，确保毕业生能够更好地适应工作岗位。

一、以就业为导向实行高职英语教学创新的重要意义

笔者认为，以就业为导向实行高职英语教学的创新，其重要意义主要有如下几点：第一，形成有力的就业竞争优势，提高学生的专业能力。有效创新高职英语教学能够弥补以往英语教学观念与方法中的不足，让学生得以切实把握实用性较强的英语知识，学以致用。同时结合学生的具体专业来进行相应的英语训练，在提升学生专业素质的同时，还能让其形成良好的就业竞争优势。第二，有利于教学质量的提升。以就业为导向的高职英语教学创新，让学生无须理解与掌握具有较大学习难度的知识，能够根据自己的专业有针对性地学习英语知识，学习难度有所下降，学生有更多的精力开展相应的英语学习。同时在教学环节上更为重视英语实践能力的培养，使学生得以全方位发展，实现教学效果的提升。

二、当前我国高职英语教学现状分析

（一）教学观念落后

在以往的高职英语教学当中，不少教师都侧重于传授理论方面的知识，注重对学生英语识记以及背诵能力的培养，而没有重视学生英语应用能力的提高。在实际教学过程中，不少教师都是将教材中重要的知识点罗列与标识出来，安排各种学习任务给学生，教师在教学中处于主体地位，而学生则只是被动接受知识。该种教学观念与方法使教学变得单调乏味，无法有效调动学生的英语学习兴趣，久而久之，学生就会在英语学习过程中出现态度散漫、消极懈怠等情况，加上师生交流严重不足，导致英语教学效率与质量大幅下降。

（二）教材内容设置不够合理

在进行英语学习过程中，教材是一个最为直接的能够让学生获取感性知识的素材，它是学生学习的基础，同时也是其英语入门的关键。当前，我国大部分高职英语专业依旧采用通用英语教材来进行教学，无法形成自身的专业特色，针对性不足。高职英语更为侧重于实用，虽然英语教材中也含有听说练习，但是在班级授课制的制约下，课堂上大部分时间都是教师在讲，难以有充足的时间让学生进行口语练习，使得学生口语表达能力无法获得有效提高。即便学生有机会进行口语表达，也可能由于练习过少、缺乏良好的心理素质而胆怯，最后以失败告终。

（三）教学缺乏针对性

当前，英语作为国际通用语言，其教育教学工作受到了相关教育部门的高度重视。虽然当前我国高职院校的教学大部分都是为学生今后就业做准备，但是在英语教学过程中，不少教师还是采用陈旧的教学方式，一味侧重于讲授理论知识，而没有与实际情况相结合，没有重视学生对社会岗位的了解情况，也忽视了对学生英语能力的培养。在课堂教学过程中，教师通常是对部分知识进行重点讲解，并且安排相关作业，没能将学生的主体作用有效发挥出来，并且也没有利用肢体语言等方式来提高课堂的趣味性与灵活性，导致学生学习积极性难以获得提高。高职英语教学应当以市场需求为导向，要求教师在进行知识的讲授过程中有效结合教学和实际社会的需求，这样才能对学生的就业有所帮助。

三、以就业为导向的高职英语教学创新策略

（一）积极转变英语教学理念

第一，教师应积极转变其教学理念，掌握社会对于高职学生英语能力的需求，并以此为依据来实施相应的英语教学工作，让学生能够在毕业后快速适应工作岗位。第二，应当由多方着手实行教学改革，例如，组织专业的英语教育专家来编写高职英语教材和相关辅助资料，并结合实际情况采用最佳的教材与资料。第三，在实际教学过程中，教师应当将教学目标定为培养应用型人才，坚持以学生为本，通过有效结合学生专业发展与就业方法来实施教学，以确保实际培养出来的学生能够与社会对就业人才的要求相符。

（二）明确对接职业能力的课程目标

在以就业为导向创新高职英语教学过程中，教师应当能够正确认识到其教学的重要目标是对学生英语实际应用能力的培养，而并非是培养学生通过相应的期末考试或是等级考试。高职英语教育的目标在于能够培养出学生所学专业所处行业的实用型英语管理以及服务型人才，其更为注重的

是学生的职业英语能力以及英语应用能力。所以教师应当积极转变过去单一讲授英语知识以及技巧的教学目标与方式，并将教学重点转移到培养学生英语实践能力的方向上来，切实坚持“以就业为导向”的原则来培养英语人才，以便让毕业生的能力与实际岗位需求相符。

（三）对英语课程体系进行优化

以就业为导向创新高职英语教学应当积极优化英语课程体系，与职业发展相接轨，让职业特色渗透到英语课程体系当中。

第一，在教学过程中科学地增设实践环节，而不可将教学限制在校园与教材当中。如广西民族大学和地方旅行社建立起合作关系，定期安排学生到旅行社进行实习，并担任翻译与导游等工作，如此一来，不但能够让学生与社会充分接触，而且能让其明确自身就业前景与相应岗位的需求，让其可以更好地规划自己今后的职业生涯。

第二，除了对英语教学框架进行有效优化之外，教师还应当有意识地补充英美国家文化、英美文学以及跨文化交际方面的知识，让学生在文化知识以及英语技能方面获得有效发展。

第三，需要对学生的英语基本功进行夯实。英语交际能力不是单纯的听、说能力，教师要能够有效结合英语的输入与输出，建立起立体化教学模式。

第四，应当对高职英语教学手段进行拓展，如模拟求职面试，组织情景模拟大赛、行业英语大赛以及英语演讲比赛等，切实提高学生的英语实践能力。

（四）对英语教学方式进行创新

教师要对以就业为导向的高职英语教学进行创新，就需要对其教学方式进行有效革新。

第一，教师应当对英语教学方式进行调整，应当围绕学生英语应用能力的提升来开展教学工作，并且坚持以提升学生英语应用能力为目标来实施教学。如在课堂教学中可以采取情境教学法，让学生能够采用自己已经掌握的英语来互相交流。这种方法在加深学生对相应知识的印象的同时，还有利于提升其英语实践能力。

第二，要因材施教。因为高职学生的英语基础以及学习能力均存在一定差异，所以在教学中，教师需要结合具体学生的知识掌握情况以及学习程度来合理划分学生所处的层次，既要注重学生的个体差异，又要对教学的整体性进行维护。

第三，教师应及时优化和更新相应课程教学，只有积极优化与革新教学内容，才能实现教学创新，才能与社会发展需求相适应，并且能让毕业生快速踏上工作岗位，收到学以致用的效果。

第四，英语教师应积极运用现代化的教学方式，运用多媒体教学设备来实施教学。例如，教师可通过创设教学情境来开展教学，让学生模拟在机场办理登机手续或是在餐厅就餐等情境，使其能在一个轻松、愉快的环境中完成应用实践。如此一来，不但能够将学生的学习兴趣调动起来，而且能够让学生更好地理解与掌握相应知识，切实实现英语教学质量的提升。

（五）对高职英语教学内容进行创新

在进行高职英语教学过程中，教师应当将提高学生综合素养及就业能力作为教学目标，对英语教学内容进行有效创新，提高英语教材的实用性，确保学生所掌握的技能与职业教育的要求相符，这不单单是实行高职英语教学创新的重难点，同时也是教学创新的关键内容。所以，在改革与创新高职英语教学过程中，要求公共英语教师能够和不同专业的教师进行有效合作，根据相关专业的特征和实际就业岗位的需求，由具体生活领域与就业岗位着手，研发“公专”结合的英语教材，确保高职英语教学能够和就业岗位有效适应，实现英语教学专业水平的提升。

（六）科学拓展第二课堂

在开展高职英语教学时，要求能够以就业为导向来为专业更好地服务，所以要求高职院校能够科学拓展第二课堂。例如，可通过邀请外宾开学习讲座、组织英语话剧比赛、成立“英语角”等来吸引周边院校的学生加入其中，让学生的交际圈得以拓展，切实提高学生的英语口语表达能力。再如，可组织英语竞赛活动，利用生动的故事来激发学生学习英语的兴趣，如此一来，不但能够增强学生的学习自信，挖掘学生的潜能，而且能够加强实践教学与理论教学的互动，避免学生出现高分低能的情况。

（七）创新英语评估体系

要实现高职英语教学的创新，就应当积极转变以往的英语考核评价体制，并构建起以就业为导向的英语评估体系，综合考评英语专业学生的听、说、读、写、译方面的能力。教师可以分别在期中与期末来考核学生的英语基础知识与应用能力，合理提高对学生英语应用能力进行考核的比例，让学生能够充分重视英语应用能力。此外，在实际考核时，需要采取多样化的考核方法与手段，有效结合整体评价与动态评价，以切实挖掘学生的学习潜力。不仅如此，还需要及时、有效地跟踪与调查高职英语专业毕业生的就业情况，设置毕业生就业评价体系调查表，采取在线调查或电话采访等方式来关注学生的就业情况，以更好地指导在校英语专业学生的学习。

（八）重视建设“双师型”教师队伍

师资队伍建设在很大程度上关系到教学质量。要想以就业为导向创新高职英语教学，则需要教师不仅具有扎实的英语专业知识，同时还需具有丰富的岗位技术经验。在此需要指出的是，建设“双师型”教师队伍并不代表着“双证”，不少教师不断考证，但却没有提升自身教学质量。对于高职院校而言，“双师”的含义主要包括如下两个方面：第一，在校任职，获得中级职称后到企业中从事相关专业工作，获得一定技能后回到院校任职。第二，具有丰富实践经验的专业技术型人才到院校中任职，获得丰富的教学经验。所以要想实现“双师型”教师队伍的建设，要求教师进行专业的实践，脱产到企业进行锻炼，以便更好地传授相关实践经验给学生，从而为实现英语教学的创新打下良好基础。另外，教师还需要能够及时掌握社会对英语人才的实际需求，成为连接学生与市场的桥梁，切实实现学生就业率的提高。

总而言之，以就业为导向创新高职英语教学，不但有利于培养学生的英语实践应用能力，而且能实现教学效率与质量的提高。为此，在实际教学过程中，要求相关教师能够采取相应的创新策略，并不断进行自我提升，不断提高高职英语教学质量。

第五节　就业导向的高职学前教育专业英语教学

作为为职业岗位培养相应人才的重要渠道，高职院校肩负着学生就业的重要责任。传统的教学模式严重制约着高职学生的学习动力并阻碍学生就业能力的提升，导致很多学生在经过教育之后依旧无法满足就业需求。为更好地提升学生的知识水平，增加就业经验，高职院校需要以就业为导向展开相关教育。对学前教育专业学生而言，他们需要掌握正确的英语发音，掌握一些英语生活用语，还要能够遵循幼儿学习的特点，具备一定的教学实践能力。为此，在高职学前教育专业英语教学中，教师可以夯实学生的英语基础，完善学生的专业能力，传授学生结合幼教特点展开英语教学的技巧，优化教学方式，提高学生的实践教学能力，从而促进学生知识和能力的全面提升。

一、高职学前教育专业英语教学现状

（一）学生素质相对较差

相对于统招普通高校学生来说，高职院校学生素质较差，学习能力、知识基础都较为薄弱。很多学生缺乏良好的英语基础，并且缺乏学习兴趣与良好的学习习惯，严重影响教学质量与效率。另外，由于基础较差，很多学生排斥与逃避学习英语，学习质量与效果可想而知。

（二）英语教学不受重视

学前教育专业开设的目的主要是培养学生的教学水平，提升学生的幼教能力，很多高职院校忽视英语教学的重要性，甚至将英语教学当作一种形式，只注重学前教育专业的学科教学。另外，英语教学止步于理论知识传授，即教师只注重传授学生英语理论知识，并没有将英语教学与学前教育专业有机结合。在实际教学中，学生学习到的只是英语理论知识，缺乏英语口语能力和英语教学能力，这与学前教育专业教学开展的目的与本质相悖。

二、基于就业导向开展英语教学的重要性

（一）有助于提升学生的自主学习能力

在传统的高职英语教学中，由于缺乏实践，很多学生无法体会学习英语知识与幼教的关联性，因而逐渐丧失学习兴趣，缺乏自主学习能力与学习动力。由于学生英语基础水平偏低，单一的理论知识教学无法有效调动学生学习的积极性与主动性。基于就业导向，可以增加学生对英语知识与幼教的认识，在有机结合英语知识与学前教育专业的情况下，学生能够得知学习英语知识的目的以及如何在未来的实际教学中应用所学的英语知识，并且在结合实际的情况下，能够丰富教学内容，优化教学方法，激发学生学习英语的兴趣，调动学生学习英语的积极性，从而有助于提升学生自主学习英语的能力。

（二）有助于提升学生的教学经验

学前教育专业开设的目的就是将学生培养成为符合幼教职业需求的专业性人才。基于就业导向实施学前教育专业的英语教学，有助于教导学生幼儿英语教学方法与技巧，提升学生的幼教经验。在教学中，学生能够掌握遵循幼儿认知特点开展英语教学、丰富幼教教学内容，以及提高幼儿英语学习效率等的方法。另外，通过开展实践活动，能够丰富学生的实践教学经验，增加学生锻炼自己的机会，实现其英语教学技能的提升。

（三）幼教职业的需求所在

现下很多幼儿园在招聘幼儿教师时，要求教师具备一定的英语基础知识以及英语教学能力，因此，基于就业导向开展高职学前教育专业英语教学符合社会幼教职业需求，对学生适应未来的岗位有着重要的作用。

三、基于就业导向的高职学前教育专业英语教学策略

（一）夯实英语基础，完善学生专业能力

现阶段，幼儿园英语教师普遍不能兼具英语专业知识与娴熟的幼儿教学理论。一些幼儿教师具备较强的幼儿教学技能，但是缺乏英语专业知识；一些幼儿教师精通英语专业知识，但是缺乏幼儿教学方面的技能。这就导致幼儿英语教学水平达不到教育要求的水平，这种状况严重阻碍了幼儿英语学习兴趣的培养，影响幼儿英语知识能力的提升，影响幼儿的发展。出现这一状况的主要原因就是高职院校在实际教学中过分关注学前教育专业学生技能培训与训练方面，忽视对英语文化基础知识的教学。

由于英语基础较差，很多高职学前教育专业学生缺乏扎实的英语知识，英语基础水平较低，甚至一些学生缺乏系统的语音训练，英语口语发音不标准。因此，在开展学前教育专业的英语教学时，教师要注重英语知识教学，夯实学生的英语基础。教师可以从英语基础知识着手，引导学生学习与掌握英语音标，加强语音训练，重视词汇教学，补充与拓展学生的英语词汇，为深度开展英语教学奠定良好的基础。另外，作为未来幼儿教师的学前教育专业学生，需要掌握符合幼儿认知特征的英语生活常用语、课堂提问语、作业用语等，掌握能丰富教学内容、激发幼儿英语学习兴趣的教学技巧。为此，在高职学前教育专业英语教学中，教师要注重对这些方面知识的传授。教师可以在英语教学中渗透一些符合学生认知特征的英语故事、英文儿歌等，为学生以后的教育工作奠定基础，提高学生的专业能力。

（二）完善教学内容，提高学生的教学能力

现下双语幼儿园已经在全国各地普及，各地幼儿园招聘英语教师的标

准与要求也在不断提升，这就给高职院校学前教育专业教学带来新的挑战，要求高职院校学前教育专业准确把握幼教职业状况，依据就业导向开展相关教学。学前教育专业的学生未来工作的对象是幼儿，这种英语教育与专业英语教学不同，同时，与成年人英语教学也存在一定的差异。在幼儿教育中，教学注重的不是幼儿英语知识、词汇量等，注重的是幼儿的学习兴趣、学习动力、学习习惯。因此，在实际教学中，教师还应该注重传授学生激发幼儿学习兴趣的知识，提升学生良好开展幼儿教学的能力。为此，在实际教学中，英语教学止步于英语知识，不利于学前教育专业学生教学能力的培养与提升，还需要完善相应的教学内容，增加“学前儿童英语”等教学内容，提高学生的教学能力。学前教育专业学生在以后的教学工作中，需要掌握幼儿的认知特征、认知规律，学会如何激发幼儿学习英语的兴趣与动力，即需要学会如何将英语教学知识生动地传授给幼儿。为促进学前教育专业学生相关方面能力的培养与提升，高职院校应当在注重英语语言知识层面的基础上，重视对学前教育专业学生幼儿英语教学能力的培养。如在英语教学中渗透讲故事、画画、跳舞、唱歌等的教学，让学生在学习英语知识的基础上学会如何使英语教学内容更有趣味，掌握激发幼儿学习兴趣与动力的方法与策略，提升学生的教学素养、幼教职业素养，以便于学生未来教学工作的开展，促进学生更好地成长与发展。

（三）增加实践活动，提高学生的实践能力

实践是检验真理的唯一标准。作为未来幼儿教师的学前教育学生，只有具备良好的教学能力，才能胜任以后的工作，为此，在实际教学中，既要注重理论知识的传授，又要注重实践活动的开展，通过实践活动提升学生的实践能力，增加学生锻炼自己的机会。作为未来的幼儿教师，自然需

要具备一定的讲台教学经验，在实际教学中，教师可以通过课前教学模式引导学生模拟幼儿教学课堂，让学生经历备课、讲课等过程，使他们积累教学经验。如教师可以让学生结合上节课的英语教学内容进行备课，在课前模拟幼儿教学课堂。在学生模拟幼儿教学课堂的过程中，教师要注重给予评价，对学生不足的地方要指出与纠正，引导学生总结教学缺点，不断改进与完善自身教学方法，逐渐提升学生的教学能力。另外，实际教学能够更好地锻炼与提升学生的教学能力，高职院校要注重引导学生展开实习工作，为学生提供大量锻炼自己的机会与平台，让学生深入一线工作中开展幼儿教育，通过实际教学锻炼与提升学生的教学能力，丰富学生的教学经验。

总而言之，高职院校开展教学的目的就是将学生培养成为符合职业需求的专业性人才。教师在学前教育专业英语教学中既要传授学生英语知识，又要注重提升学生的教学技巧与技能。在实际教学中，教师要注重夯实学生的英语基础，完善学生的专业能力，增加教学内容，提升学生的幼儿教学能力，为学生未来的幼教工作奠定良好的基础。另外，还要注重增加实践活动，给学生提供锻炼的机会与平台，引导学生逐渐积累教学经验，实现英语知识与英语教学能力的全面提升。

第六节　就业视域下的高职行业英语微课教学

行业英语在高职院校各学科中具有很高的地位，但需要注意的是，在最近几年当中，全国范围内高职院校行业英语开展的工作效果并不明显。针对这一情况，教师需要理性分析教学工作难以得到有效开展的原因，有针对性地尝试多元化的教学方式，只有这样，才能让学生在高职行业英语学习过程中的整体效果得到显著提升。

一、我国高职院校行业英语教学现状

（一）教学观念亟待转变

目前我国高职院校开展的行业英语日常教学工作中仍存在着大量传统英语教学模式遗留的负面影响，行业英语严重背离了以学生未来就业为导向，以职业技能培养为重点的高职行业英语教学理念。在我国目前的高职院校行业英语日常教学过程中，教学重点仍然放到语法知识的传授以及相关英语单词、句型的背诵、理解上，教师没有真正意识到行业英语开展的目的是服务于学生今后的工作岗位，培养学生英语应用能力。

（二）高职人才的培养背离了社会实际要求

我国绝大部分高职院校的行业英语教学普遍采用传统的应试教育模式，有的高职院校将学生是否通过英语等级考试作为衡量其英语学习成绩的重要指标。实际上，这样一种英语学习方式非常不利于培养学生的英语应用能力，学生离开学校后将逐渐发现以自己的英语水平远远无法满足工作岗位的要求。

（三）高职院校选用的行业英语教材缺少实用性

当前，我国很多高职院校使用的行业英语教材或多或少地存在不足，如教材内容与学生未来的职业技能要求存在偏差，内容没有彰显行业英语特点，过度重视语法知识的教学，等等。教材当中普遍存在的这些问题严重影响了我国行业英语改革的步伐，教师在日常教学工作中只能基于英语教材内容进行知识教学，学生学习效率无法得到有效提升，其掌握的英语知识不具备较强的实用性。

二、就业视域下的高职行业英语微课教学模式

从前文的分析可以发现，目前在我国高职行业英语教学过程中，由于教材的限制，学生所学内容和今后的职业技能要求存在明显偏离，导致英语学习实用性欠佳。针对现有的高职行业英语教学模式进行改革显得非常具有必要性，而微课教学模式便是在素质教育理念下，全国范围内的高职行业英语教师必须重点关注的一种英语教学模式。所谓微课，指的是以视频为核心载体，教师基于视频开展知识教学的一种教学模式。在该教学模式当中，教师和学生围绕视频开展教学活动设计、素材分析、随堂检测、课后反思、学习反馈以及点评等内容。采用微课教学模式，教师在每堂课上用于知识教学的时间将会被大幅度压缩。一段视频的时间只有 5～8 分钟，教师只讲解一个知识重点，目的是让学生最大限度地理解教师讲授的知识，提升学生的学习效率。在微课教学模式下，高职行业英语教学改革体现在以下几个方面：

首先，高职行业英语应关注学生对英语的应用能力，微课模式应是为了培养满足国家发展要求的高水平技能型人才而施行，重点锻炼学生的英语听力和口语表达能力，让学生可以在今后的工作当中使用英语无障碍地阐述自己的看法，满足今后职场对学生能力的要求。教师需要根据学生专业合理进行教学情境设计，让英语教学能够最大限度地为学生今后的工作服务。

其次，在高职行业英语教学过程中，教师需要基于班级学生的整体英语水平开展教学活动。实际上，在我国高职院校当中，学生的整体英语水平普遍较差，绝大多数学生的英语仅为初中或更低水平，教师在使用微课开展行业英语教学的过程中，应充分考虑学生的整体学习水平，将学生所学习知识的难度控制在全班绝大多数学生都可以接受的范围内。

最后，伴随着微课教学模式在高职行业英语教学过程中的施行，教师针对学生能力的考核方式应越来越多元化，即从学生能力培养的角度出发，选择能够从多角度衡量学生能力的考核方式。例如，在微课模式背景下，教师可以给学生布置一些随堂检测问题，然后针对学生的回答情况进行评分，将评分结果纳入学生期末评定因素中，降低期中考试在学生成绩评定因素中所占的比例，由此提升教师评价学生的全面性。另外，从一定程度上增强高职学生在人才市场上的竞争力。

整体来讲，目前的高职院校行业英语教学存在许多问题，影响学生就业之后的英语应用能力。教师应尝试更加多元化的教学方式，让学生的英语应用能力能够在真正意义上得到锻炼和培养，只有这样，高职行业英语教育才能被认为发挥了应有的作用。

第七节　基于就业导向的高职英语翻转课堂教学模式

各高职院校培养英语人才的最终目标是培养出应用型人才，具体而言，是让学生在掌握基本理论知识的基础上，提高其跨文化交际能力、实践运用能力，培养出职业性人才。这要求各高职院校在英语教学过程中，根据学生的专业特长以及职业岗位的需求等方面，利用翻转课堂的多样化教学模式，进行职业能力的培养工作，满足社会发展需求。高职院校应有效利用现代化教学方式，培养学生的自主学习能力，不断扩大翻转课堂的影响力，让更多学生感受到多方位、立体化的教学氛围，有效提高高职院校英语教学效益。

一、高职英语运用翻转课堂的重要性

近年来，高职院校为提高英语教学质量，不断进行改革工作，但是效果甚微。翻转课堂主要利用先进的现代化教育技术，为学生提供最新的课堂资源，使得英语教学改革又有了新思路。

（一）有利于提升学生的实践应用能力

当前，很多高职院校依然采用传统的教学模式，并不能为社会提供综合性、应用型人才，改革高职英语教学模式已成为必然趋势。翻转课堂是指通过高速发展的现代信息化技术，将课程内容、教师与学生系统地联合在一起，在网络平台上进行实践联系。学生不再因为传统教学模式的单一性、获取资源的不便利性等因素，而影响学习进程。翻转课堂可为学生提供良好的英语学习环境，通过人机对话、课堂活动等，学生接收到的都是英语国家最新的文化知识，因此，能有效提升学生的实践应用能力。

（二）有利于提升学生的英语学习效果

翻转课堂通过线上教学平台，整合了各个高校的英语教学资源，使得传统教学资源匮乏的现状得以缓解。教师在英语教学过程中，必须足够了解学生是否完全理解了英语教材。与传统的英语教学方法对比，翻转课堂注重学生的课前准备活动、课间参与性和课后自主学习能动性。学生不仅可以在课堂上接受传统教学，还可以通过网络平台，有针对性地选择教学内容，弥补自身不足，以此促进学生接触更丰富的教学资源，提高学习效率。

（三）有利于带动学生学习的主动性

翻转课堂一改传统单一的教学模式，提高了学生的自主学习能力。具体而言，一方面，翻转课堂的教学模式改变了教师主讲的状态，运用多样化教学方式，以提高学生职场沟通能力、跨界交流为核心，最大限度地让学生参与其中，提高了学生的学习兴趣。翻转课堂的广泛运用，使得学生在专注于课堂教学的同时，课堂气氛也变得更加活跃，学生学习与吸收知识的效率达到了最佳。另一方面，翻转课堂的课前自主准备、学习的特征，有助于学生提高自身的自主学习能力。当前，学生自主学习意识薄弱是制约英语教学效果的重要因素之一。由于翻转课堂注重教师的引导、监督、评价等教学方式，因此能不断促进学生提高自主学习能力。

二、高职英语翻转课堂教学方法

（一）开展系统化课前设计工作

在高职英语翻转课堂教学中，教师应提高对设置合理教学内容的重视程度，不断加深教学内容研究工作。翻转课堂设计要求学生在短时间内将所学知识迅速消化，并能够在实际应用中将理论转变为实践，高效率完成教学目标。教师在准备教学内容时，应合理结合传统英语教学方法与现代化教育技术。提高英语学习能力有很多途径，翻转课堂主要是培养学生的实践应用能力，而英语交流能力就是英语对外输出的重要过程。教师在为学生创造语言学习环境时，应以文化教学为基础，设置模拟情景进行教学，使学生通过自身感悟，融入英语学习氛围，提高学生的文化意识，不断更新其知识结构，与实际接轨，培养出符合现代化社会需求的复合型人才。

（二）扩大在线教育的影响力

在信息化教学与网络自主学习平台不断发展的背景下，高职英语课堂教学也利用网络自主学习平台并在平台上上传教学内容，供学生课下学习使用。在网络学习平台上，学生可利用的学习资源越来越多，高职院校可根据教学实际情况，弥补传统教学中存在的缺陷，增加更多学习渠道。

（三）完善高职英语评价体系

不断完善评价体系，有助于教师认识到教学过程中存在的问题，以此更加精准地改变教学方法，提高教学效率。翻转课堂教学模式是学生通过网络学习网上丰富的教学资源，再课堂上，教师更多的是了解学生在学习过程中存在的问题，指导他们正确运用所学知识。而与之相对应的教学评价体系也要适当调整，以与教学整体情况相匹配。具体而言，首先，评价体系中除了教师评价，可以增加学生互评、学生自评等，采用多样化的评价方式。其次，对评价类型与评价环节进行更详细的设计。如评价类型可包含形成性评价、诊断性评价和总结性评价等。在评价环节方面，教师可在每一个讨论环节或者每一次任务、作业、课堂表现等方面对学生进行评价。最后，应从多元化角度进行评价。翻转课堂的评价模式应改变之前只将成绩作为最终评价标准的情况，而应从语言运用、思维逻辑、人际关系等方面进行评价，以此达到学生全面发展的教学目标。

综上所述，翻转课堂是在弥补传统教学存在的缺陷的基础上，合理分配教学资源，实时跟进社会发展需求，不断更新教学内容与方式，最大化地推动高职英语教学的新的教学模式。当前，虽然翻转课堂的发展非常迅速，但是，其目的主要还是服务于传统教学课堂，弥补传统教学存在的不足。翻转课堂作为新的教学方法，促使高职英语教学改革的步伐不断加快，提高了高职院校学生的社会竞争力。因此，高职英语教学应用翻转课堂教学模式，实现现代化是很有必要的。

第六章　高职英语教学与创新创业教育

第一节　将创新创业教育与高职英语教学有效结合

随着全球化发展的步伐加快，人们的生活节奏也越来越快，毕业生的就业压力也越来越大，相应地，一些高职院校为了让毕业生能顺利进入工作岗位，越来越重视实践教学。但在具体的实施过程中，一些院校存在教育经验不足、指导方法不到位等问题，不能从根本上解决学生的就业难问题。所以，实现创业教育与英语教育的相互融合，还需要教师努力去研究和实践。

一、创新创业教育与英语教学

“创业教育”源于西方文化的一种职业认知，一般而言，通过接受此类教育，高职学生能形成基本的职业素质和实践能力，并在实践中锻炼良好的职业品质，这是培养学生职业观的基本前提。

英语课是高职院校学生必修的一门公共基础课程，其教学范围覆盖全体学生。良好的英语应用能力能够拓宽学生的眼界，使他们了解世界动向，为创新创业奠定基础。因此，在高职英语教学中融入创新创业教育，是进行高校创新创业教育的有效途径。高职英语教师应积极探索创新创业教育理念在教学中的应用途径，不断完善英语课堂，提升学生的创新精神和创新创业能力。

二、在高职英语教学中融入创新创业教育的途径

（一）意识培养

要进行创新创业教育，首先要在学生的大脑中播下理念的种子，才能萌芽出创新创业的具体构思和行动。因此，意识培养是进行创新创业教育的第一步。

1.挖掘教材中的创新创业因素，启发学生的创新创业意识

教材是教学的载体，充分利用和挖掘教材中的创新创业因素，是在高职英语教学中融入创新创业教育理念的首要途径。英语教材中不乏关于创新创业的人物和事例，教师可进行充分的利用和渲染。例如，新东方创始人俞敏洪，正是运用自身所学，从英语培训开始做起，创建了规模宏大的教育培训集团。许多高职英语教材中都有关于“商品展销会”“企业发展历程”等的学习内容，教师可以在教授相关知识点的同时，启发学生的创新创业意识。通过这些案例，教师向学生传递创新创业的理念，唤起学生对创新创业的正确认识，从而及早树立创新创业的思想。

2.结合学校活动和专业课程开展创新创业教育

公共英语课的最终目的是服务于学生的专业学习。因此，在高职英语教

学中培养学生的创新创业意识，还需要学校和各专业教学的大力支持与配合。首先，学校应面向全体学生，开设旨在培养学生创新创业意识，激发学生创新创业动力的各级各类普及课程。例如，开设外贸类创新创业专题讲座，对外贸政策进行解读及宣传，宣讲外贸基础知识、操作流程及法律规定等。其次，英语教学协同各专业开设各种形式的创新创业教育活动和专业性创新创业课程，结合各专业特点和企业需求，将创新创业理念融入日常教学，使学生了解创新型人才的素质要求，了解创业的概念、要素与特征等，掌握开展创新创业活动所需要的基本知识，了解个人的职业能力。例如，跨境电商专业的创新创业教育活动与英语知识、技能以及综合应用能力有着直接的联系，其顺利开展需要英语课程的协助与配合。

3.借助政府和企业、行业，对学生进行环境认知教育

作为创新创业教育的参与者和协助者，政府是高校创新创业教育生态系统中的重要一环，能够在政策制定、资金支持、舆论导向、服务体系、部门协调等多方面为高校创新创业教育创造良好的外部环境。各种企业尤其是知名企业，是大学毕业生创新创业最直观的感受和奋斗目标，在高职创新创业教育中起着重要的示范作用，担负着不可推卸的社会责任。因此，高职英语教学应协同学校借助政府和企业、行业的各种政策及活动，引导学生认识当今企业及行业环境，了解创业机会，把握创业风险，掌握商业模式开发的过程、设计策略及技巧等，实现认知层面的突破。例如，邀请行业专家进校园，对照行业标准和企业需求，对学生进行创新创业的方向引导、技能传授和经验分享，使学生近距离接触行业标杆，切身感受创新创业的魅力与价值。

（二）能力提升

在高职英语教学中，通过各种方法和途径，解析并培养学生的批判性思维、洞察力、决策力、组织协调能力和领导力等各项创新创业素质，使学生具备必要的创新创业能力。

1.在课堂教学中植入创新创业技能，培养学生的创新创业能力

在英语教学过程中，始终鼓励学生运用创新性思维去创新英语学习方法，这一过程既能提高学生的英语学习效率，也能培养其创新创业能力。疯狂英语的创始人李阳，就是在自身学习英语的道路上，创新英语学习方法，发现创业商机，成立英语培训机构，铸就了个人辉煌的商业之路。教学中的具体做法有：开展记单词方法大赛、快速阅读理解技能大赛、听说技能经验推介赛等。

结合英语教学内容和学生专业，根据不同专业学生的不同情况，开设不同内容和形式的创新创业教育系列活动。例如，在 *Products Introduction*（《产品推介》）这一课的教学过程中，对于有较强创新创业意愿和潜质的市场营销专业学生，教师一方面教授英语知识与技能；另一方面可在教学中融入产品介绍和营销的相关技巧与艺术、营销领域创新创业基本知识与技能，鼓励学生的发散性、批判性思维，提高其营销创新能力，增强其自主创业的信心。又如，在英语写作教学中，以“企业策划案”为主题进行作文训练，共享学生的优秀作品，激发和挖掘学生的决策力、领导力、组织力和协调力，为学生的创新创业做好能力铺垫。

2.增设课外模拟和企业实践环节，提高学生的实操能力

以项目、活动为引导，开设能培养学生创新创业能力的各类实践活动，使课堂教学与课外实践相结合，有针对性地对学生加强创新创业过程的指

导。例如，通过撰写英文版创业计划书、模拟接待外宾、体验外企 HR 面试、完成企业提出的口译或笔译任务等实践活动，引导学生挖掘创新点、创新学习和实习方式，鼓励学生体验创业准备的各个环节，包括创业市场评估、创业融资、创办企业的流程与风险管理等，提升学生的实操能力和创业能力。

高职英语教师多为文科教师，理论性教学居多，缺乏实践性环节的经验。因此，教师和学生可以一起到相关企业、社区和众创空间参与学习和实践，师生共学、互学，一起研究和完成实践性项目。企业家和社会创客成为新的导师，教师成为“学生梦想实现的陪伴者”和“学习场景开发的研究者”，学生成为“梦想的生成者、实践者和实现者”，这也是激发学生创新创业学习热情，提升学生创新创业能力的一个有效途径。同时，英语教师要与时俱进，不断更新自身掌握的创新创业信息，积极参加各种培训，培养自身“双师型”素质，多角度提升综合能力，才能更好地对学生进行思维拓展、技法应用、实践训练等创新创业方面的引导。

3.设定多元评价模式，激励学生提升创新创业能力

目前，“00 后”已步入高校，他们的特征是思维活跃、易于接受新鲜事物、乐于挑战和展示自我。传统单一的教学评价方式，无法为目前诸多富有想象力、创造力和创业潜能的高职学生提供施展才能的机会，导致其在创新创业能力学习与提升上的懈怠和不足。因此，设定多元评价模式，多维度、全面、客观地评估学生的学习与实践，可以有效激发学生的创新欲、表现力和创造力，这是促进学生创新创业能力提升的有效途径。例如，重新设定考核总评各部分的比重，除卷面成绩外，增设过程性评价，对学生英语学习和实践（参加英语讲座、外企实习等）的参与度、体验性、创新性进行肯定和鼓励；布置需要发挥想象力和具有挑战性的实践性考核任务（跨境电商店铺

英文设计、翻译软件测试报告等），对创造性地完成任务的学生给予总评成绩的奖励，体现创造力的价值；对参与技能大赛（口语、写作、跨文化交际大赛等）、参与各项实践活动、完成一个创业公司的英文翻译等的学习行为，都可以纳入评价体系，为学生提供展示综合能力的机会和舞台，激发其将理论应用于实践解决实际问题的热情与潜能。

4.搭建互动平台，创设信息化、生态化创新创业教育环境

创新创业教育应该基于校企、校地协同，在“互联网+教育”的信息化环境下，着力重构多方互动的未来教育新生态。在现代化进程中，学校只是知识传播的一个界面，不再是全部。企业、社区和各类专业组织是知识的新策源地，人工智能和知识簇群开始取代教师，成为“传道、授业、解惑者”。因此，学校、企业、政府、家庭应多方联动，共同搭建互动式学习平台，营造创新创业氛围。这样，教师、学生、教学手段和教学工具等各种元素融合在一起所形成的微观教学系统，与学校、企业、社会、家庭所构成的宏观教育系统内外呼应、相辅相成，形成一个优良的创新创业教育新生态。

三、高职英语教学中学生创新创业能力的运用

（一）技能大赛

学校对各级各类创新创业大赛应给予充分重视，设置创新创业大赛专项指导，鼓励学生积极参加大赛。如英语类的口语技能大赛、写作大赛、演讲大赛、跨文化交际大赛等，专业类的“互联网+国际贸易”综合技能大赛、软件测试大赛、市场营销技能大赛等。学校对获奖者给予物质及精神奖励，激发学生参与创新创业的热情，实现“以赛促学、以赛促教”，提升学生的创新创业实践运用能力以及学校整体创新创业软实力。

（二）创业支持

学校对在校生和应届毕业生的初步创业应给予各方面的支持，包括贷款申请、场地援助、技术支持、创业培训等。例如，对于英语专业毕业生开办英语翻译社、导游专业毕业生开办旅行社、国际贸易专业毕业生开办贸易网店或实体店等，给予项目开发、方案设计、风险评估、业务开办、融资服务、跟踪扶持等方面的指导与帮助，增加学生创业的信心。

创新创业教育是一种在整个教学过程中促进学生全面协调发展并启迪学生思想智慧、培养学生创新创业思维、发展学生个性品质、锻炼学生多种能力的教育。创新创业教育可以融入整个高职教育阶段，融入高职英语教育过程中。以公共英语课程为载体，渗透创新创业教育理念，提高学生的综合能力和整体素质，提升教师的教学能力和创新意识，可以实现高职教育的最佳效果。

第二节　创新创业视角下的英语教学改革

高校尤其是高职院校要确保培养出的人才具备创新创业意识和较高素养，就必须把创新创业教育贯穿于整个教育体系中。因此有必要把创新创业教育与英语学科教育进行融合，在进行专业教育的过程中，把创新创业教育渗透进去，进而形成更加合理、高效的英语教学策略。

一、创新创业教育与英语教育改革之间的关系

创新创业教育是面向全体学生，鼓励全体教师参与，贯穿整个人才培养过程的教育。创新创业教育要求改变旧的教育教学理念、教育教学方法，强化学生的创新意识，提高其创新能力，使其成为大众创业、万众创新的生力军。高职院校英语教育课程是大部分专业学生必修的课程，在整个教学过程中，其关注的是学生英语应用能力的提升。教师希望通过有效的教学方法，使得学生的英语综合应用能力得以提升，以便为今后的工作奠定良好的基础，使各个专业的学生成为我国经济建设和对外交往的重要人力资源。创新创业教育与英语教育改革之间具有相辅相成的关系：第一，二者有着相同的教育目标，都可以归结到高等教育的范畴中去，都是以培养适合社会发展需求，满足我国经济发展需求的人才为目的，目标的一致性是二者实现融合的前提和基础。第二，随着英语学科教育改革的不断深入，英语教育将成为创新创业教育的重要平台。第三，随着英语教育改革的不断推动，学生会拥有更加广阔的视野，他们可以接收到来自全球的信息，这些信息毫无疑问会涉及创新创业，英语教育将成为学生创新创业思路得以拓展的重要途径。

二、高职院校英语教育改革现状

2016 年，中国英语教育改革与发展高层论坛召开，与会的学者和专家从不同维度对我国英语教育改革取得的成绩、存在的问题进行了深入探讨。毫无疑问，经过多年的努力，高职院校英语教育改革取得了可喜的成绩，但也存在不少缺陷。从创新创业教育的视角看，可以将当前高职院校英语教育改革存在的问题归结为如下几个方面：

（一）教育定位中缺乏创新创业元素

高职院校英语在不断进行的教育改革的过程中，其教育定位始终难以摆脱通用英语教育的思维模式，就是说高校英语的教学大纲与中小学的教学大纲，都是将提升英语水平、夯实语言基础作为目标，这样的定位明显忽视了高职院校英语教育的诉求，使得各个阶段的英语教学呈现出同质化的特点。这种情况如果长期持续下去，高职院校英语教师将语言基础知识、语言素质作为教学重点，而不是站在创新创业的视角去实现学生专业英语文化素养、专业英语应用素养的提升，这样的教育定位往往难以培养出符合社会需求的创新创业人才。

（二）教育评价中忽视创新创业能力考核

高职院校在进行英语教学的过程中，逐渐形成了自身的教学评价机制，而这个机制是以英语考试为主导的。从高职院校英语教学工作开展的历程来看，多数是以英语能力等级量化考试方式对实际英语教育教学工作的有效性进行考核。从实际英语应试的内容来看，很少涉及创新创业能力，实践性不强，考核指标中也没有将创新创业融入其中，这样导致的结果就是教师不在乎学生创新创业能力的培养，学生不在意创新创业素质的提升。

（三）学生缺乏创新创业的实践体验机会

高职院校在不断开展教学改革的过程中，也在尝试将创新创业教育融入其中，但是没有形成持续性的长效机制，学生根本没有创新创业的实践体验机会。单纯依靠学校的宣传教育，是难以实现学生的创新创业素养提升的，只有切实将其渗透到英语教育的实践活动中去，才能保证学生创新创业的实践体验朝着正确的方向发展。显然，当前诸多高职院校还没做到这一点。如果此问题不能得到改善，势必会使英语教育改革与创新创业教育处于分离状态，也就难以达到英语教育改革的目标。

三、创新创业教育视角下英语教育改革的策略

以创新创业教育的视角去审视英语教育改革工作，这一工作并非是简单的教育内容的融合，而是需要从教育目标、教育内容、教育方法和教育评价等多个维度进行调整和改革，这样才能够确保二者形成良性互动，继而驱动实际的英语教育改革朝着更加理想的方向发展。详细来讲，其主要包括如下几个方面的内容：

（一）重塑基于创新创业教育的教学目标

既然需要将创新创业教育融入实际的高校英语教育中去，就需要重塑英语教育的目标，确保二者的融合，这是各高职院校首先需要思考的问题。因此，高职院校在进行英语教育目标改革时，需要将其设定为培养适应我国经济社会发展和国际发展需求，具备英语综合应用素质，具有良好创新创业能力的人才。教育目标的重塑是为了进一步明确创新创业教育在英语教育改革中的地位，并且将其纳入实际的教育教学大纲中去，使高校英语教育改革朝着专业化、职业化和社会化的方向发展。

（二）建立完善的创新创业教育课程体系

课程体系的建立首先需要理顺创新创业教育与英语教育之间的关系，结合当前英语教育课程的内容，提炼其中创新创业教育的元素，或者以增加创新创业教育元素的方式，使实际的新英语课程体系中有创新创业教育内容。为此应做好如下几个方面的工作：其一，组建专门的课程体系构建小组，邀请专家对英语创新创业教育的内容进行调研，编制统一的符合英语教育特点的创新创业教育教材，确保创新创业教育真正被纳入实际课程中去；其

二，英语教师要对创新创业教育内容进行渗透，在教材架构中进行提炼，确保学生可以学习到相应的创新创业教育内容。

（三）遵循创新创业教育规律，形成多元化教学格局

为了培养出具备创新创业素养和较强的英语应用能力的毕业生，教师必须结合创新创业教育的特点，运用多样化的教育教学手段，做好如下工作：其一，实现英语课堂教学与第二课堂、实践课堂之间的融合，形成良好的创新创业教育环境和氛围；其二，尽可能以模拟教学和体验式教学的方式开展教育教学，鼓励学生进入岗位角色，用掌握的英语知识实现决策能力的提升，体验团队合作，使自身技能得到训练；其三，开展各种各样的创新性的英语实践活动，比如英文企划案设计大赛、英文市场调研活动、英文面试大赛等，使英语实践活动与创新创业教育真正融合。

（四）将创新创业教育作为教学评价指标

学校要将创新创业教育作为英语教学评价的重要指标，对教师而言，需要设定相应的英语教学评价体系，其中，学生创新创业素养的培育是重要指标之一。学校应鼓励教师不断思考如何将创新创业教育渗透到英语课程中去。对于学生而言，要使其意识到创新创业能力培养的重要性，自觉培养创新创业能力。

综上所述，创新创业教育在高职英语教育改革中不容忽视。要正确看待二者之间的关系，确保二者之间的协调性，由此确保实际的英语教育达到理想状态。作为英语教师，要主动探索创新创业教育与英语教育改革之间融合的策略，不断尝试，以引导实际的英语改革朝着更加理想的方向发展。

第三节　校企合作的高职英语教育专业创业教育

高职院校在发展过程中注重结合社会和企业的实际需要，对英语专业教学进行设计和实施，为社会和企业提供了大量具有良好专业素质和职业技能的全面性人才，得到了广泛赞誉。就高职英语教育专业的创业教育来说，在校企合作背景下，结合市场环境和需要，引导学生从专业角度出发，按照相关原则进行创业，是当前的一个重要发展趋势。

一、高职院校英语教育专业创业课程设置现状

当前，很多高职院校都结合英语专业的应用现状，按照市场发展需要，设计了相应的英语专业创业课程。在具体实践环节，往往根据具体环境制定对应的发展方向和实施步骤。比如与相关企业合作，制定相应的职业规划问卷，对学生的就业规划进行了解和引导，帮助学生准确认识英语专业是应用现状及发展趋势，在此基础上鼓励学生结合自身情况进行创业。此外，还有部分院校积极响应国家相关政策号召，指导学生参与当地城市举办的大学生创业大赛，通过这种方式引导学生充分发掘英语专业的创业空间，并促进学生在创业实践过程中个人能力和综合素质得到进一步发展。

二、开设英语教育专业创业课程的原因

当前，高职院校一般都开设了“大学生创新创业教育”和“大学生职业生涯规划”两门课程，这两门课程基本上针对所有专业的学生，因此对于英语专业的学生来说，其针对性不强。笔者经研究发现，高职院校英语专业毕业生的主要就业方向是幼教机构、英语培训机构等；进行自主创业的，也大都是创立英语培训机构、英语私教机构、幼儿园等。因此这两门课程不足以满足高职院校英语专业学生的创业需要，有必要结合英语专业实际情况开设新的创业课程，从而有效满足学生的创业需要。

三、校企合作背景下高职院校英语教育专业创业课程的设置原则

（一）规范性原则

课程设置必须按照相关原则进行，要严格控制课程设置人员、设置流程以及后续实践优化环节，促使针对高职院校英语专业学生的创业课程设置达到良好的科学性、针对性和实效性，确保其后续实践教学效果。

（二）针对性原则

高职院校英语专业实用性强，适用于多个岗位，基于此，在设计英语专业创业课程的时候，要及时根据市场和企业的实际需要对其发展方向进行调整，促使英语专业创业课程能时刻与社会经济发展需求保持一致，确保高职院校英语专业学生能够掌握对应行业创业所必须的相关技能，为促使学生顺利实现创业打下基础。基于英语专业毕业生的创业发展方向，可以在创业课程中设置具体的内容，包括市场营销、培训机构管理方法、课程开发和

推广等内容，为学生顺利创业打下良好的基础。

（三）多样化原则

高职院校英语专业不同于中职英语及本科英语，在实践教学过程中主要坚持校企合作，其目的在于强化英语专业教学的实践性和针对性。基于此，在开设英语专业创业课程的过程中，要结合市场和企业的具体需要，坚持多样化原则，考虑到各个地区的市场环境和创业环境，满足英语专业学生的实践需要。

四、校企合作背景下高职院校英语教育专业创业课程设置构想

在开设具体专业创业课程的过程中，要结合其专业特点和市场环境变化，对创业课程进行及时调整，确保创业课程达到良好的针对性和实用性。就高职院校英语专业的创业课程来说，不仅要注意强化学生个人的英语素质和综合能力，还需要引导学生在德、智、体等方面实现全面发展，注意通过相关的创业课程提高学生的职业道德素养，为学生进行创业打下基础。当前，高职院校的创业课程主要是“大学生创新创业教育”和“大学生职业生涯规划”，这两门课程内容比较单一，难以满足高职院校英语专业的实践需要。基于此，有必要结合市场环境和创业需要对课程进行优化和提高，进而为学生带来更加全面、更加丰富的创业课程内容，促进学生得到良好的发展。

（一）注重创新创业能力的培养

很多学生对创业的认识存在误区：有的学生将其作为就业的第二选择，当自己找不到工作的时候就选择创业；有的学生认为创业就是做生意。为了

帮助学生正确认识创业，并引导学生树立正确的创业观，学校要引导学生对英语专业以及创业的内涵进行学习，引导学生掌握两者之间的关系。在此基础上，学校要注意在日常教学过程中培养学生的创业意识，这包含多方面的内容，比如对市场的准确观察和把握、对客户群体的选择和定位、对实践项目的选择和实施、对团队协作的领导和带动、对市场环境的观察和自身定位等。在此基础上介入相关的专业性知识，引导学生准确理解技术创新及其商业化内涵，帮助学生树立正确的创业思路，引导学生形成健康积极的创业价值观。

（二）实现“专业+创业”的教育模式，提高高职院校英语专业学生的整体市场竞争力

高职院校英语专业学生在进行创业的过程中，其基础和出发点依然是自身的专业知识，也就是英语水平。基于此，要想实现顺利创业，收到良好的创业效果，就必须有效强化学生的专业能力。因此，在教学过程中，教师要注意引导学生掌握大量英语知识，夯实英语基础，尤其要注意提高个人英语表达和交际能力，这是创业的基础，也是实现良好创业效果的关键。另外，教师要注意引导学生结合自身专业实际开展创业活动，注意在创业过程中充分应用相关的英语专业知识。在实践过程中，可以根据需要为学生开设相关的课程，如听力、口语、现场翻译；还要引导学生对英语文学进行学习感悟，这有助于提高学生的英语综合能力，有助于提高学生的英语实践应用能力，为实现良好创业效果打下基础。

因此，英语教育专业的创业课程应该是在通识课“大学生创新创业教育”的基础上，结合自身专业的特点，有针对性地开展教学。例如，英语培训机构的招商引资、市场营销、广告策划、课程设计与规划、创业管理、创业模

拟实践、创业案例精编等。招商引资、市场营销和广告策划课程可以帮助学生了解创业知识。创业管理课程可帮助学生习得管理知识、技能与技巧，学会宏观把控。创业模拟实践课程可帮助学生提前了解创业过程中可能出现的问题，并且掌握应对方法。创业案例精编课程可帮助学生学习成功的创业案例的经验和技巧，并且从失败的案例中找出对策。

但是，开设这些课程并不是鼓励学生放弃就业，而是希望学生在习得英语专业知识的基础上，获取创业技能知识，为学生的就业另辟一条崭新的道路，在创业实践过程中越走越好。

第四节　基于创新创业背景的高职英语三位一体研究

《国务院办公厅关于深化高等学校创新创业教育改革的实施意见》（国办发〔2015〕36 号）指出：“各高校要根据人才培养定位和创新创业教育目标要求，促进专业教育与创新创业教育有机融合，调整专业课程设置，挖掘和充实各类专业课程的创新创业教育资源，在传授专业知识过程中加强创新创业教育。”基于这个背景来研究高职英语三位一体教学模式具有现实意义。

一、依据

三位一体教学模式是一种集课堂讲授、校内实训、校外实践于一体的教学方式，旨在理论知识的基础上，围绕专业人才培养的目标，对整个实践教学过程的各个环节进行设计，提高学生的实践能力。

皮亚杰的建构主义学习理论是高职英语三位一体教学模式的理论基础。该理论改变以教师为主体的模式，强调以学生为中心，学生是课堂活动的主体，在学习中，主动探索知识。建构主义还要求学生处理真实情境下的各种问题。高职英语三位一体教学模式模拟真实语言环境，并鼓励学生参与社会实践，在真实情境中培养实际应用能力和职业行动能力。同时，在课堂内外运用多媒体技术，实现了建构主义所要求的学习环境，使得建构主义更加深入地发展和应用于英语教学中。

CBE（Competency Based Education）理论也为高职英语三位一体教学模式提供了思路。CBE 理论是一种以能力为本位的理论，强调人才培养目标应满足职业需要，根据职业的需要，培养学生相应的能力。发达国家以能力为本位，发展适应本国需要的工学结合的人才培养模式。德国“双元制”以学校和企业双元互补，教师下企业学习，企业员工进学校指导学生实践，政府制定相关法律法规规范企业行为。英国“三明治”教学模式采取企业实习+学校教育+企业实习的模式，政府同样通过法律法规规范和支持教学的开展。澳大利亚 TAFE（Technical and Further Education）模式要求课程的设置满足社会需求，建立校内实训基地，招聘具有丰富创新创业经验的教师等。

二、大一学生的英语现状

为了进一步了解高职英语三位一体教学模式的可行性，笔者从学生学习英语的目的和态度、学生的学习能力、学生学习英语的习惯、高职英语教师的授课方式以及学生对开展英语三位一体教学的态度等五个方面进行研究。调查以问卷的形式发放，广东岭南职业技术学院非英语专业 124 名大一学生接受了问卷调查。笔者现针对调查问卷的结果，对大一学生英语现状进行分析。

在学生学习英语的目的和态度方面，接近一半的学生(48.39%)学习英语的目的是通过考试，顺利毕业；25.81%的学生认为英语在今后的工作中有一定作用，他们有一定的就业创业准备，但是想法不强烈。

在学生学习英语的能力方面，54.03%的学生认为自己英语水平一般，可以达到 B 级水平，B 级考试主要是对系统知识，即语法、词汇等知识的考查，对学生听、说等运用能力的要求不高，所以近半数学生可以掌握基础知识，但是欠缺英语的应用能力。

在学生学习英语的习惯方面，54.03%的学生偶尔阅读课外英语书籍或浏览英文网站，25.81%的学生从不进行阅读训练；45.16%的学生偶尔写作，但认为这对提高写作能力效果不大，42.74%的学生从来不写作；55.65%的学生有机会就练练口语、听力，没有计划性，认为英语听力、口语不太重要；70.16%的学生单凭兴趣，想学就学，学习时间在每周 5h 以内。根据学生的学习习惯可以看出，近半数学生会花费时间在英语的听、说、读、写等技能的训练上，但是普遍认为效果不佳，还有的学生除课堂英语学习外，课后从来不花费时间学习英语。

针对教师的授课方式，53.23%的学生认为课堂以教师讲授为主且教授的内容以语法、词汇等系统知识为主；55.65%的学生认为英语学习环境局限在传统课堂。由此可见，当前英语教学模式主要以传统的课堂教学为主，以教师为中心，学生相对被动地学习。25.81%的学生认为通过英语学习，能培养一定的实际应用能力；33.06%的学生认为课堂活动多，学生是主体；31.45%的学生认为学习环境是“课堂+校内”的环境。由此可见，教师有意识地改变教学模式，设计课堂活动，由教师为主体向学生为主体过渡，同时，学习环境也慢慢向课堂外延伸，但是校外实践环节相对缺乏。

在学生对开展高职英语三位一体教学的看法上，52.42%的学生非常赞同，41.94%的学生持观望态度。62.1%的学生认为三位一体的教学模式可以培养学生英语的应用能力并帮助学生更好地适应社会和工作的需要，24.19%的学生认为其可以提高英语的听说水平和沟通能力。可见学生对三位一体教学的开展持有积极的态度，且认为三位一体教学模式对其提高英语的运用能力具有一定的作用。

通过以上调查可知，高职英语“课堂教学、校内实训、校外实践”的三位一体教学模式具有一定的可行性，对巩固学生的基础知识和提高学生的英语综合能力能发挥一定的作用。

三、高职公共英语三位一体教学模式的构建

专业课的人才培养模式是以专业为平台，培养学生的专业技能。例如，商务英语的三位一体教学模式可以通过课堂语言技能教学、校内实训室商务模拟、校外实训基地商务实习实现。而公共英语的授课对象是非英语专业的学生，面对不同专业的学生，三位一体教学模式在通识课程中的建设也会发生变化。高职公共英语的三位一体教学模式是一种递进式的英语教学模式。

（一）课堂教学的内容建设

在创新创业的背景下，为更好地帮助学生由抽象的英语基础知识向具

体的职业技能过渡，公共英语的课堂教学可从教学目标、教师授课方式、教材等方面进行一定的调整。

公共英语的教学目标是使学生掌握英语基本知识和技能，提高听、说、读、写方面的能力，为今后参与竞争和就业打下基础。由于公共英语面向的是非英语专业的学生，在原有教学目标的基础上，可以强调学生个性化的学习，即在培养学生基本英语知识和技能的同时，根据不同专业的学生制定个性化的学习内容，以帮助他们适应不同专业就业的需求。

在教师授课方式上，三位一体的教学模式要求以学生为主体，学生是课堂的主要参与者。教师可采用“讲授+研讨”的形式进行教学。教师讲授英语基础知识或理论时，借助计算机技术、多媒体技术向学生进行展示；制作慕课、微课进行教学；借助计算机设备和网上资源训练学生的听、说能力。研讨的目的重在激发学生的积极性和主动性，提高学生的参与度。课前，教师可通过微信群、QQ 群等在线社群或学会学、课堂派等课堂管理工具发布话题，供学生思考、讨论。课堂上，学生以 PPT 课件、视频等进行展示。教师引导学生主动探索，积极参与，提高英语应用能力。

教材方面，公共英语的教材内容涵盖各种真实职场环境，通过模拟真实情境，有助于提高学生的综合技能。在原有教材的基础上，为体现学习资料的时效性，帮助学生与当今社会接轨，学校可以鼓励有能力的教师自主选择教材，甚至可以自主编写学习资料。学习内容既要满足当今社会和经济生活的需要，又要能根据不同专业的学生进行调整。例如，对于护理专业的学生，可以增加一些护理方面的阅读及写作。学生通过课堂中个性化、专业化的英语学习，进一步掌握专业英语、职业英语知识。

（二）校内实训的内容建设

1.为学生开辟校园实践平台

除开展常规的英语口语、写作大赛等，学校还可以将比赛与职业教育、创新创业紧密结合。例如，开展英语创意海报设计大赛、英语营销策划书大赛等形式多样的比赛；仿照英国一些本科大学，在校园网站建立实习、兼职专栏，发布招聘信息、就业创业政策等。开展这些活动不单单是鼓励学生就业创业，更是为学生的实践创造机会。

2.利用互联网开拓课下学习渠道

互联网技术的应用使课堂教学延伸到课外，教师可通过学会学或课堂派等软件，发布公告、资料、话题及进行测试、互动等。学生在课堂以外也能随时下载资料、在线提问、在线做题，有助于提高学生的自主学习能力，增加学生的实践经验。以课堂派为例，教师在线发布英语职场对话练习，系统提醒学生作业的内容以及上交时间。学生课后进行小组对话，以视频的形式提交作业，等待教师批阅，学生同步得到分数和评语。通过软件进行第二课堂教学，提高了学生的积极性和自主性，在课堂外也能模拟真实的职场情境，有助于提高学生的英语综合运用能力。

（三）校外实践的内容建设

校外实践在于对社会资源的不断挖掘，这就需要任课教师走出校园，走向社会，与企业或机构建立联系，为学生提供实习甚至工作的机会。公共英语的授课对象为非英语专业学生，学生的专业不同，教师难以找到与每个专业的学生都对口的社会资源。因此，公共英语教师可以与专业教师合作，了解相关专业的实习或就业单位，了解企业文化及用人需求，特别是企业对人才英语能力的要求，更好地将英语基础教育与职业教育相结合。

青年公共英语教师大多为应届毕业生入职，没有太多的就业经历，社会实践经验比较缺乏。在授课过程中，他们也多借助课本和网络资源，缺乏亲身体验。他们通过和专业教师合作，走入不同行业，实地调研，在加强自身创新创业能力的同时，也能将实践经验融入课堂教学。

公共英语“三位一体”教学模式的应用还有很多需要探索的地方。高职院校应完善自身机制，为第二课堂和校外实践提供平台和保障。公共英语教师在学生的创新创业方面不应置身事外，应不断提高自身的创新创业素质，在公共基础课程中融入创新创业教育，为学生的专业知识和实践服务。

第五节　创新创业背景下高职商务英语专业学生职业能力培养

高职教育的目的是培养学生的职业能力。随着全球经济一体化的发展，社会对高职商务英语专业学生职业能力的要求越来越高，具有创新创业能力的复合型商务英语人才会更加受到企业的青睐。2014 年，习近平总书记在与北京大学师生座谈时提到，要不断激发广大青年的活力和创造力，强化就业创业服务体系建设，帮助学生迈好走向社会的第一步。《教育部关于大力推进高等学校创新创业教育和大学生自主创业工作的意见》中指出，在高等学校开展创新创业教育，积极鼓励高校学生自主创业，是教育系统深入学习实践科学发展观，服务于创新型国家建设的重大战略举措；是深化高等教育教学改革，培养学生创新精神和实践能力的重要途径；是落实以创业带动就业，促进高校毕业生充分就业的重要措施。创新创业教育已成为高校培养创新型人才的重要途径，也是提升学生职业能力的重要途径。因此，高职院校要重视将创新创业教育融入高职商务英语专业学生职业能力的培养过程中。

一、高职商务英语专业职业能力的内涵

不同国家对职业能力的定义是不一样的，但总体而言，职业能力是指人们从事某种职业所需的多种能力和素质的综合。职业能力主要分为三大类：专业能力、方法能力和社会能力。专业能力是人们从事职业活动的基本条件，也是从事本职工作的核心能力，是人们从事该职业活动所需的专业知识、专业能力和专业技能；方法能力是人们从事职业活动的基本发展能力，是人们从事该职业活动所需的工作方法和学习方法，比如分析问题能力、继续学习能力；社会能力是人们从事职业活动时与他人进行交流、团队合作等所需的各种行为能力，也是从事任何职业所需的行为能力，比如团队合作能力、沟通交流能力。

高职商务英语专业的职业能力是建立在具体的商务英语岗位群基础上的。商务英语专业的就业岗位群主要有商务助理岗位群、商务翻译类岗位群、行政助理岗位群。尽管不同的商务英语岗位群所需的职业能力要求是不一样的，但它们还是存在相似之处。

二、创新创业教育融入高职商务英语专业学生职业能力培养的意义

（一）促进社会经济的发展

将创新创业教育与高职商务英语专业职业能力培养相融合，学生可以在提升职业能力的基础上进行创业创新，有助于学生进行自身职业生涯规划，提升创业成功的概率，解决高职院校毕业生就业压力大的问题并创造就业，从而有利于社会经济的发展。

（二）提高商务英语专业人才培养质量

将创新创业教育与高职商务英语专业职业能力培养相融合，可以完善学生的知识结构，激发学生的创新思维，提升商务英语教学质量，实现商务英语人才培养方式多样化融合发展，因而能够显著提高商务英语专业人才培养质量。

（三）提升高职院校的社会服务功能

将创新创业教育与高职商务英语专业职业能力培养相融合，可以实现理论知识向实践能力的转变，提升学生的职业道德，使其更好地为社会服务，体现高职院校服务社会的功能。

三、高职商务英语专业创新创业人才培养存在的问题

（一）课程内容设置缺乏创新创业能力导向

目前，我国高职院校商务英语教学的内容规划仍以传统为主，鲜有革新。虽然国家对高职院校培养学生创新创业能力提出了明确要求，但是学校方面却并没有形成一套将专业技能教育与创新创业能力教育有机结合的教学

内容体系。二者之间本应大力构筑的联系被割裂开来，两方面的教育也只是各自为政，导致了一个“专业无创新，创新不专业”的教育窘境。具体说来，表现在以下几方面：第一，高职院校在商务英语教学实践中并未把创新创业能力纳入专业人才培养目标体系当中去。人才培养目标体系是学校为相关专业学生量身定制的综合素质培养大纲，决定了高校培养人才的方向，创新创业能力培养如果不能写进培养方案中，就只会成为一句空话，得不到从教人员与学生发自内心的认同。第二，创新创业教育理念在商务英语教学内容体系里的大部分层面都得不到彰显。当前的商务英语教学内容仍然停留在传统知识结构上，无论是从教材方面还是从教学内容方面看，都无法跟上瞬息万变的经济发展速度，很多内容都已经过时，与创新创业的实践严重脱节，在这样的内容下设置相关课程教学，不可能与社会经济对人才需求的变化相匹配，最终造成创新创业能力教育停留在形式层面。

（二）教学方式不能实现理论知识与创新创业能力的结合

专业教育与创新创业能力教育的结合一直是研究的重点，但是教学模式的传统乃至僵化让相关研究步入了瓶颈，具体说来，就是高职院校在教学实践中缺乏行之有效的实践项目载体。根据对相关资料的查阅和分析，笔者发现，很多学校的创新创业教育仅仅停留在理论层面，如开设一两门创新创业指导课程，或者举办一两次创业讲座，后续的实践教育环节几乎为空白。创新创业能力教育不同于大部分的专业知识教育，它对实践经验有着极为细致的要求，“纸上得来终觉浅”可以作为对当今高职院校创新创业教育现状的总结。创新创业教育需要为学生提供一定的平台和载体，传统的教学模式往往忽视这一重要环节，学生创新创业理念需要得到实践的检验，创新创业实践活动需要有相关行业的扶持与支撑，这些都是高职院校在教学方式上所欠缺的。

（三）缺乏能培养学生创新创业能力的高端师资队伍

我国经济结构的调整是从近些年才开始的，对创新创业教育的重视程度也是近些年逐步上升的，故而相关的师资储备队伍建设与培养机制方面几乎空白。创新创业教育对相关教师的要求是极为严苛的，一般都需要具备复合型的知识结构以及多元化的实践技能，而我国高职院校商务英语教师大多以纯语言技能为自己的傍身之技，大部分人的社会实践经历也不过是学校间的切换。此外，由于高职院校教师招聘机制方面的壁垒，大量拥有丰富实践经验的高端企业人才不能进入高职院校中进行课程教授，这也导致了高职院校创新创业教育理论与实践环节的割裂。

四、创新创业教育背景下提高高职商务英语专业学生职业能力的策略

（1）修订高职商务英语专业人才培养方案，把创新创业能力纳入职业能力培养的范畴，使其成为商务英语专业的人才培养目标之一。人才培养方案是高职院校人才培养目标的实施依据。培养满足企业需求的人才是高职商务英语专业的人才培养目标之一。在“大众创业、万众创新”背景下，单纯的职业能力已无法满足企业对复合型商务英语人才的需求，高职院校要重视对商务英语人才创新创业能力的培养。重新修订人才培养目标，将创新创业能力融入高职商务英语专业的职业能力培养范畴中，培养具有创新创业能力的复合型商务英语人才，能够提高高职商务英语专业学生的竞争力，使其更好地实现自我价值。

（2）开设创新创业素养课程和技能培训课程，并将其与商务英语课程体系相融合。高职院校在开设商务英语课程的同时，还应融入创新创业素养课程，比如商务礼仪、经济法、PS 教程、创新创业教育、形势与政策等，让学生掌握创业所需要的知识和技能，树立创业梦想。例如，通过介绍外贸行业成功企业家创业的案例，让学生了解外贸行业的创业过程与艰辛，以及当前外贸行业的发展现状和存在的问题，学习外贸企业先进的经营管理理念；通过形势与政策课程介绍国家有关促进外贸发展和促进创新创业的政策，培养学生获取创新创业政策信息和把握外贸行业信息及时机的能力。此外，高职商务英语教师还应根据商务英语专业的教学实际和岗位需求，融入创新创业技能培训课程，比如商务谈判、外贸函电单证、跨境电商、国际贸易操作实务等课程。通过仿真模拟式教学训练，让学生学会如何在创业过程中与外企进行交流与谈判，并熟悉外贸行业各个岗位的工作流程，从而提高高职商务英语专业学生处理实际问题的能力和应变能力，为将来高职商务英语专业学生的顺利就业和成功创业奠定坚实的基础。

（3）创建具有“三师型”素质的教师团队。具有“三师型”素质的商务英语教师是指商务英语教师除了具有英语语言学和国际贸易学两个专业领域的教学能力外，还应成为学生的“职业指导师”。商务英语教师不仅要向学生传授专业的英语语言知识和实用的外贸商务活动技能，还要对学生的职业生涯规划进行指导，培养学生的创新创业兴趣、意识和能力，提高学生的职业道德修养和职业能力。

为了创建具有“三师型”素质的教师团队，学校可以从以下几个方面进行努力：第一，派遣商务英语专任教师去创新创业教育开展得比较好的高校进行交流学习；第二，鼓励商务英语教师去外贸企业锻炼，学习外贸企业的工作流程和一线生产管理经验；第三，鼓励商务英语教师参与创业或自主创业，通过亲身体验创业的过程与艰辛，积累丰富的教学案例，提高教学的生动性，从而激发高职商务英语专业学生的创新创业热情；第四，邀请具有丰富创新创业经验的企业精英或成功自主创业的校友来校开设讲座分享创业的心得体会，或担任兼职创业导师，通过榜样引领和示范作用，提升高职商务英语专业学生创新创业的信心。

（4）构建提升学生商务英语职业能力和创新创业意识的校内外实践教学体系。第一，为了培养高职商务英语专业学生的创新创业意识，学校要努力营造浓厚的创新创业氛围，开展多种多样的商务英语文化活动。例如，邀请专家学者、行业精英开展创新创业专题讲座，开展以创新创业为主题的英语沙龙活动，鼓励学生参加以创新创业为主题的英语演讲比赛或者英语辩论赛，以提高商务英语专业学生的语言组织能力和运用能力等。第二，鼓励学生组建团队参加各个级别的创新创业大赛或者创业孵化基地项目。例如，商务英语专业学生可以以跨境电商为机遇制定创业项目，撰写创业策划书，提出入孵申请，并进行市场化经营，自负盈亏，亲身体验创业的一般流程。这样不但可以培养商务英语专业学生的团队合作意识、人际交往能力和分析解决实际问题的能力等多种综合职业能力，而且可以增强学生创业成功的信心，激发学生的创业潜能。第三，开展多种形式的校内外实训。校内实训方面，可以进行项目化教学，创建校内模拟实训室，进行岗位模拟、招聘模拟、商务谈判模拟、国际贸易交易会模拟等训练，让学生掌握实用的岗位技能；校外实训方面，可以积极寻求校企合作，帮助外贸企业进行商务资料翻译、跨境电商的运营、国际展会的接洽等，让学生体会真实的商务英语环境，不但能锻炼学生的职业能力，而且能为学生将来创业奠定基础。

（5）加强对高职商务英语专业学生职业生涯规划的指导。职业生涯规划可以保证学生创业时能够有效地规避风险，促进创业成功，更好地实现个人价值。高职院校应重视学生的职业生涯规划指导，完善软硬件设施，制定相关的政策，为学生创造良好的创新创业环境和条件。高职商务英语专业教师应搜集学生的兴趣、爱好、能力、特点和职业倾向的信息，建立学生的培养档案，帮助学生制定合理的职业奋斗目标和明确职业发展方向，并根据商务英语专业的特点对学生进行精准化的就业指导与培训，拓宽学生的就业渠道，提升学生的职业能力。

（6）改革现有的考核评价体系，加强对商务英语专业学生的创新创业能力考核评价。要培养具有创新创业能力的商务英语人才，就必须重视对商务英语专业学生的创新创业能力的考核评价，重视过程性考核，完善评价指标；改革考核评价方式，口试、笔试、小组活动、考证、实践报告、技能竞赛等均可作为考核评价的方式，并且毕业论文形式应多样化，增加调查报告、创新创业项目策划书等毕业论文的完成形式；丰富考核评价内容，不仅要对学生英语基础能力，如翻译能力、英语语言表达能力等进行考核，而且要对学生的创新创业理论的掌握程度进行考核，不仅要有对模拟商务场景或商务岗位任务完成情况的考核，还要有对创业实践项目完成情况的考核。

在当前蓬勃兴起的创新创业的浪潮下，培养具有创新创业能力的人才是高校不可推卸的责任和义务。随着人才市场上就业竞争激烈程度的不断增加，培养学生的创新创业能力已成为提升学生综合职业能力的重要途径。因此，高职院校要从人才培养方案、课程体系、师资队伍、实践教学、职业生涯规划和教学评价等方面进行改革，培养学生的创新创业能力，使学生能够全面发展，更好地提升职业能力，从而更好地为企业和社会服务。

第七章　通过职业规划教育提升英语专业学生的就业能力

第一节　职业规划对就业的影响及意义

随着高校毕业生数量的逐年增加，高校毕业生就业压力继续增大，尤其是高职院校毕业生，就业形势严峻。本节基于对高职学生就业现状和就业形势的分析，旨在通过职业规划指导这一重要途径帮助高职学生树立就业意识和正确的就业观念，掌握就业技巧，制订正确的职业生涯规划，帮助其在严峻的就业形势下实现就业和职业发展。

一、高职院校毕业生的就业现状

首先，高校的扩招造成了现如今高等教育的一系列问题。本科教育注重的应该是培养理论型的研究人才，而专科教育应注重培养应用型的技术人才，但很多院校并没有对此进行区分。在我国，虽然近些年高职院校应届毕业生的就业率略高于本科院校应届毕业生的就业率，但高职院校毕业生的就业形势依然不容乐观。

其次，很多高职院校毕业生在初入社会时，对行业、职业都没有清晰的认识，对就业、择业感到茫然，不知道自己能做什么，不知道自己应该选择哪个行业、哪个岗位，大多数毕业生都是随机找一份工作，所以工作满意度极低，频繁更换工作，这在很大程度上降低了就业的成功率。

二、高职院校毕业生的就业形势

高职院校毕业生数量逐年增加，整体就业形势严峻，主要表现在以下方面：

第一，用人单位与毕业生不匹配。随着经济及社会的发展，部分产业升级、转型，企业需要的专业人才也在随之改变，但是高职院校的专业教育及课程设置并不能与社会需求无缝衔接，往往高职院校的专业设置要比社会实际需求滞后多年，导致有些新兴专业急需人才，有些传统行业人才供过于求，进而使某些专业的学生毕业后竞争压力巨大，很难找到工作。

第二，毕业生人数多，但企业招不到满意的人才。根据我国高职院校毕业生的学习现状来看，学生非常重视对专业、理论知识的学习，但普遍忽视了对自身综合能力的培养。学生在面临就业时，思想准备不够充分，就业能力匮乏。其主要体现在就业观念滞后，习惯于被动接受，缺乏主动性、大局观。大部分高校对学生就业所需要的职业观念、知识、方法等方面缺乏系统性的传授，使学生就业能力严重不足。一方面，毕业生找不到合适的工作；另一方面，企业招不到合适的人才，成为当前就业形势的现实状况。

第三，高职院校毕业生的就业观念受到诸多的影响。很多高职院校毕业生的就业观、择业观都在不同程度上受到传统观念的影响。许多学生不能正确看待自己的兴趣、爱好、技能优势等因素，向往到国家机关、事业单位去，其就业观念重官轻技能，倾向于相关管理岗位，排斥服务型岗位，以至于无法找到自己满意的工作，这也很大程度上增加了毕业生择业的困难与挫折。

三、职业规划教育对高职院校学生就业的积极作用

大高职院校的学生在毕业之后是否能够顺利就业，最主要在于其是否有一个符合自身实际的科学的职业规划，而由于学生形成科学的职业规划的过程并不是一个静止的状态，是需要经过实践证明，经过合理调整后才能最终形成的。那么，对高职院校的学生进行职业规划教育就显得十分必要。

职业规划教育针对学生普遍存在的职业意识缺乏、职业信息匮乏、自我认识不足、职业意识薄弱等情况，帮助其在严峻的就业形势下实现就业。其为学生实现就业稳定和职业生涯发展发挥了巨大的作用。

（一）职业规划教育能够帮助学生正确地评估自身

在高职院校学习阶段，学生的性格特征会经历波动明显到逐步稳定的过程，在这样的情况下，学生对于自身的判断就会存在偏差，只有通过职业规划教育这一方式，才能有效地引导学生掌握评判自身的方法，使评估偏差逐渐缩小，从而使学生本身的评估与其将来毕业之后的职业选择和方向相匹配。与此同时，学生对于自身的评估要经历动态调整的过程，这使他们在就业时更有针对性。

（二）职业规划教育能够帮助学生确立明确的职业方向

职业规划教育不只是为学生讲解一些职业规划的理论知识，还会通过邀请就业指导师、优秀就业者以举办讲座的方式，对高职学生职业选择的方向进行一定的引导，从而使其可以根据自身的实际情况，结合就业趋势，有针对性地为自己确立一个明确的职业方向，而后以这个职业方向为导向，不

断地提高自身的能力，以使自己在就业时能够更加从容并很快适应自己选定的职业。

（三）职业规划教育能够帮助学生提升自身的能力

从当前严峻的就业形势来看，很多企业在招聘员工时，不仅看重其是否具备一定的专业知识，而且对交际能力、应变能力、心理承受能力等方面有着更多的条件限制，所以学生能力的提升对于提升自己的就业竞争力是十分重要的。而学生要想提升自身的能力，就需要适时地接受职业规划教育，只有基于明确的职业生涯目标，才能在提升能力上更有针对性。

（四）职业规划教育有利于调动学生的学习积极性

由于职业规划教育意在指导求职者认识自己，认识客观环境，如何择业并为之实施相应措施，其有利于学生形成正确的自我认知，明确人生奋斗目标，明确人生使命，使学生认识到学习的重要性，把被动的学习转变为主动的学习。

（五）职业规划教育能帮助学生适应从校园到职场的转变

开展职业规划教育，有助于学生更早地认识和了解社会，选择职业角色，能帮助学生在学习期间设定自己的职业目标，主动探索自己未来的职业方向，激发学生对进入职场的渴望，以目标为导向来规划自己的学习，从而使学生在校园生活、学习中为就业做准备，实现从求学到就业的顺利转换。

（六）职业规划教育可以引导学生树立正确的择业观

如今的就业机制和方式与之前相比有了很大的转变，即将毕业的学生也必然要更新就业观念。陈旧的就业观念已成为影响学生顺利就业的重要因素之一，学生就业的相关知识来源于家长、亲朋好友，多数是陈旧、不全面、不客观的。职业规划教育能有效地让高职学生明晰现今就业市场是知识经济主导、能力主导，鼓励学生发挥自己的力量，实现自我价值，树立自尊、自强、自立意识，发扬艰苦奋斗精神，把个人职业发展与社会要求有机结合起来，促进学生能力素质的提高，树立正确的择业、就业观。

（七）职业规划教育有利于学生树立正确的职业价值观

学生树立正确的职业价值观有利于其对自身职业生涯的正确规划。消极的职业观对学生整个的身心健康有一定的负面影响，积极的职业观对学生的身心健康、生活态度有积极的影响。

（八）职业规划教育有利于塑造学生的职业化精神

高职学生必须具备会学习的能力，要学会在合适的场合说合适的话、做合适的事，要有一种会学的精神，这样才能不断提高和创新，成为高素质人才；要做到学以致用，提高自己的专业技能，这样才有利于自己在社会中立足，不断提高自己。

四、职业规划教育中存在的问题

当前各高职院校对于学生职业规划教育的形势不容乐观，虽然有些学校在这方面进行了很多的努力和探索，但是依旧面临着诸多的阻碍因素，而对于这些阻碍因素的分析和思考，将影响学生就业竞争力的提升。

（一）职业规划教育稳定性不足

在当前的教育体系下，很多高职院校只是一味地偏重专业知识的教学，而对于学生实践能力的培养有所欠缺，其对学生职业规划教育也缺乏一定的认识，进而忽视了职业规划教育。近年来，尽管有些高职院校逐步认识到职业规划教育对于解决学生就业问题的重要作用，但也只是在学生将要走出校园时，简单地采取举办招聘会、开展职业规划方面的讲座等形式，为学生提供一些就业渠道和就业指导，却没有将职业规划教育纳入自身的教育体系之中，这样就不能从根本上解决学生就业方面的困惑，不能真正地提升学生就业的竞争力。

（二）学生对于自身职业生涯缺乏必要的思考

受传统教育理念的影响，高职学生本身早已习惯了应试教育的思维，在学校教育中仅仅只停留在知识的学习上，也只会以专业成绩的好坏来评判自身的能力，他们很少去思考自己将来想要从事什么样的职业，更很少审视自己究竟能够胜任什么样的职业，可见，高职学生的职业规划意识相对欠缺。因此，要想有效提升职业规划教育的质量，各高职院校需要在学生职业规划意识的培养上付出更多的努力。

（三）学校对职业规划教育的岗位设置缺失

由于高职院校教育经费的不足，师资力量一直以来都是高职院校教育体系中最为薄弱的一环，但是教学的质量好坏又在很大程度上依赖教师这一重要角色。根据调查笔者发现，从事职业规划教育的教师普遍存在着职业规划经验不足、在身份上多为兼职教师而非专职教师等问题。鉴于职业规划教育是高职院校逐步拓展的新的教育领域，那么在师资队伍建设上，各高职院校要更为重视。

五、高职学生就业竞争力的表现

如果要谈论学生就业问题这一话题，那么就始终绕不开学生应具备何种就业竞争力这一关键问题。下面笔者就来介绍一下高职学生就业竞争力的一些具体表现：

（一）高职学生的就业竞争力表现在其品质特征上

一个人的品质特征包含着很多方面，比如是否具有上进心，是否具备独立思考能力，是否能勇敢面对困难，态度是否认真，等等。而高职学生要想形成很强的就业竞争力，也需要具备一些优秀的精神品质，比如工作方面踏实能干，学习上主动进取，与同事之间懂得互相帮助，这样才能迅速地适应工作岗位并很好地完成工作任务，从而提升自身的就业竞争力。

（二）高职学生的就业竞争力表现在其接受新知识的能力上

俗话说“活到老，学到老”，这句话就是要告诉我们，不管我们目前的知识水平如何，都需要不断学习，因为时代在发展，如果我们只是“躺”在固定的知识储备上“睡大觉”，那么总有一天会被社会所淘汰。因此高职学生的就业竞争力也表现在他们接受新知识的能力上，接受新知识的能力越强，代表他们的发展潜力越大，那么对于任何工作他们都可能胜任。

（三）高职学生的就业竞争力表现在其与社会的融合度上

当学生从学校毕业，自然而然地就意味着他们要走向社会，如果他们无法完成从学生角色到社会成员角色的转变，就会直接影响到他们的就业，使他们无法在社会中真正立足。因此，高职学生就业竞争力的强弱最终要表现在其与社会的融合度上。

六、职业规划教育与就业竞争力之间的关系分析

从开展职业规划教育的初衷来看，最主要的就是提升学生的就业竞争力，使学生在面临就业时不至于产生迷茫感，而是能够根据自己的实际情况，正确地选定职业方向。因此，需要深入分析职业规划教育与就业竞争力之间的关系。

（一）职业规划教育能促进学生优秀品质的形成

高职院校通过教育的形式可以起到培养学生正确价值观的作用，同样的，通过职业规划教育就能在一定程度上促进学生优秀品质的形成。例如，一些教师通常会为学生讲解一些职业规划的理论知识，这些理论知识大多包括职业认知、职业选择的确定和职业目标的实现等。在职业认知阶段，教师要为学生传输爱岗敬业、踏实进取、勇于承担等优秀的职业精神；而在学生职业选择的确定上，教师要告知学生正确地判断形势并根据具体情况作出合理选择的方法，学生通过对这些方法的学习就不会再盲目地作出选择，从而形成遇事保持冷静的习惯；在学生职业目标的实现上，教师会不断地考验学生的心理承受能力，使学生养成敢于坚持的优秀品质。

（二）职业规划教育能提升学生接受新知识的能力

通过职业规划教育，高职学生会意识到社会上任何工作岗位都不是掌握固定的知识就能够完全胜任的，而是要根据工作的需要，不断去学习新的知识、掌握新的技能，这样才能使自己和工作岗位之间形成很好的匹配。同时，职业规划教育也能够帮助学生确立正确的职业方向，从而使学生能够沿着这一方向不断提升自己，在接受新知识时也不易出现偏差，进而就能提升学生接受新知识的能力。

（三）职业规划教育能提升学生与社会的融合度

如果高职学生无法完成从学生角色到社会成员角色的转变，就会直接影响到他们的就业，从而使他们无法在社会中真正立足。而职业规划教育会提供给学生更多进行校外实践和提前实习的锻炼机会，通过这些必要的锻炼来提升学生与社会的融合度，让他们在转变身份时有一个准备和调整的过程，这样他们在充分认识社会、充分熟悉工作岗位后就能更快地适应。

七、通过职业规划教育来提升高职学生就业竞争力的策略

要想有效地通过职业规划教育来提升高职学生的就业竞争力，需要从以下几个方面来努力：

（一）要以独具特色的人才培养理念来指引职业规划教育

职业规划教育最主要的目的就是使学生能够很好地就业，因此在职业规划教育中，教师必须树立独具特色的人才培养理念，只有在正确理念的指引下，才能最终发挥职业规划教育的作用，继而使高职学生的就业竞争力得到有效提升。因此，各高职院校一定要充分考虑到学生个体的差异，有针对性地帮助他们形成符合自身特点的职业生涯规划。

（二）要以响应国家号召为方向来抓好职业规划教育

为了解决学生的就业问题，国家发出了“大众创业、万众创新”的号召，从而使越来越多的毕业生投入创业的大军之中，以创业带动就业，不仅实现了自身的就业，还创造了众多的就业岗位。但是，在学生创业过程中也出现了盲目创业的问题，因此，学校要以响应国家号召为方向，做好职业规划教育工作，对学生创业提供更多的指导。

第二节　商务英语专业学生就业创业指导

商务英语专业学生就业创业指导，是在经济发展以及全球化背景下的重要教学任务，同时也是培育学生英语专业能力以及沟通能力的关键。当前，

国际商贸业务越来越多，对于人才的需求呈现复合型趋势。商务英语专业的重点是培育复合型人才，旨在指导学生掌握扎实的英语基本功，不断开拓学生的国际化视野，灌输更多商务沟通技能，使学生掌握国际商务知识等，其专业特点为交叉性、应用性。对商务英语专业学生开展就业创业指导，能进一步锻炼学生的跨文化沟通能力，培养学生的人文素养，使其成为能够更好地适应市场的复合型英语人才。尤其是高职院校，作为实用型人才培养基地，更需要科学开展就业创业指导，锻炼学生的就业与创业能力，为学生步入社会奠定扎实的基础。

一、商务英语专业学生就业创业指导必要性分析

对于高职院校的商务英语专业学生来讲，学生学习生涯结束就会步入社会，就业是其关心的重点。当前社会对人才的要求标准提高，商业交流与国际商贸发展迅速，学生需要具备更专业的商务交流能力，以更好地应对竞争激烈的市场环境。学生毕业后能够顺利就业，或是选择自己创业，这期间学校必须发挥指导作用，结合商务英语专业的教学宗旨，以“打造复合型人才”为出发点，重视商务英语专业的实践性教学模式，帮助学生巩固英语基础知识，锻炼学生的商务沟通能力，使其能够更好地完成英语交际活动，加强对学生就业创业能力的培养，以此提高学生的商务英语能力。高校以商务英语专业为桥梁，对学生就业创业能力进行培训，充分利用课堂教学的有利条件，打造更为真实的就业创业氛围，积极组织就业创业指导课程，根据校企合作的模式锻炼学生商务英语能力，鼓励学生到企业中学习与锻炼。学校鼓励学生开设交易平台，有效结合校内与校外实训锻炼，自行解决在商务交流中的问题。在此基础上，就业创业指导培训的开展为学生灌输爱岗敬业以

及吃苦耐劳的精神，帮助学生实现综合能力提升、商务英语能力提升与就业能力提升，与企业零距离接触，以此得到更理想的商务英语教学效果。

二、商务英语专业学生就业创业调查

笔者对某高职院校2018届商务英语专业毕业生展开就业创业调查，以问卷调查方式进行，参与调查的毕业生人数为94名，问卷发放数为94份，回收94份，回收率100%。笔者对问卷调查情况进行统计、研究，结果并不理想。

（一）学生对就业期望过高

笔者在此次调查中发现，学生的就业目标呈现多元化现象，并且没有认清自我状态，对就业期望过高，导致在实际就业中出现很大落差，影响学生的就业心态。此次调查数据显示，2018届商务英语专业毕业生，毕业后准备直接就业的学生占比为28%，自主创业学生占比为2%，先工作后深造学生占比为58%，其他占比为12%。至少有15.9%的学生对于毕业后的就业期望设定过高，这对于其真正的毕业就业会产生一定影响。

毕业生择业观念多元化，他们的选择情况如下：民营企业占8.6%，国家机关及事业单位占44.9%，国有企业占10.7%，中外合资、外资企业占34.4%，其他占1.4%。他们的薪资期望情况如下：2000元以下占3.2%，2000~3000元占26.9%，3000~4000元占41.9%，4000元以上占28.0%。结合学生就业期望以及就业目标调查，笔者认为，学校需制定更合理的就业创业指导方案，帮助学生制定科学的就业创业规划。

（二）就业创业职业规划与专业技能缺失

高职学生在就业方面并没有很好地认清自我定位，他们虽然认识到当前就业难的发展趋势，不断在商务英语学习中巩固英语能力，提高自身学习能力，但是对于自身综合素质以及实践经验积累方面有所缺失。面对即将毕业就业的问题，参与调查的学生中，30.1%的学生没有职业规划，69.9%的学生制订了职业规划。学生在思想方面认识到了综合能力提升的重要性，并且开始进行就业准备。学生对于就业规划与职业定位、就业技能等获得途径多样，25%的学生通过书籍，35%的学生通过上网，18%的学生通过学校就业指导，22%的学生通过报纸或者相关刊物。从这方面可以看出，学校的就业指导力度不够，必须加大就业指导力度，以帮助学生制订更好的就业或者创业规划。

（三）毕业生择业观念、地区对就业创业的影响

笔者对影响学生毕业之后就业打算的因素进行了调查，发现 15.8%为父母的要求，32.3%为自己的理想，32.9%为社会环境，19.0%为家庭条件。这个结果标明，高职院校应对学生树立正确的择业观提出更严格要求。在择业地区调查中，西部边缘地区为 4.3%，回原籍为 10.8%，经济发达地区为 58.0%，无特别要求为 26.9%。这说明，就业观念直接影响到学生的就业创业选择，高职院校在这方面还需要做出更多努力。

对于商务英语专业课程方面的调查中，学生对科技英语的期望值为 31.2%，对机械英语的期望值为 16.1%，对广告英语的期望值为 57.0%，对旅游英语的期望值为 52.7%，对医药英语的期望值为 20.4%。这表明，高职院校应在当前商务英语教学基础上不断进行课程优化设置，结合市场发展形势适当调整商务英语教学结构。

三、商务英语专业学生就业创业指导存在的问题

（一）学生无法对自我进行准确定位

商务英语专业的学生在自我定位方面不够明确，虽然高职院校积极组织学生参与就业创业指导活动，但是在实际就业创业指导中，忽视了指导学生客观认识自我能力与对自我专业进行定位。学生毕业后步入社会，有一个双向互动的过程，学生与用人单位之间沟通交流，以此形成就业过程。在实际就业中，学生商务英语能力与其他能力都会得到真正体现，所以学生必须对自己准确定位，在就业中发挥自我优势，改善自身不足。但是在实际就业过程中，学生极容易出现两极分化的心理，面对就业过度自卑，质疑自己的能力与学历，认为自己没有任何竞争优势；或者面对就业盲目自信，认为就业岗位那么多，一定能够选择出适合自己的，并且对薪资期待过高，在实际就业中出现“高不成、低不就”的现象。这种现象的出现将高职院校在毕业指导方面的不足凸显出来，虽然高职院校重视不断提高学生的综合素质，但是却忽视了对学生进行自我定位方面的指导，导致学生毕业后无法顺利就业。

（二）校企合作过于表面化

为了更好地解决就业问题，政府积极鼓励学校与企业合作，为学生实践创造有利条件，增加更多能力锻炼的机会。校企合作在一定程度上增加了学生的专业能力培训，提升了学生的就业实践能力。但是在实际合作过程中，很多校企合作停留在表面，如学校组织学生到企业中进行实践操作与锻炼，毕业前进入企业进行顶岗实习，但是却缺乏具体的执行机制，很多教学内容都停留在表面，并不能解决学生就业的实际问题。尤其是学校与企业就学生

专业能力、就业能力、岗位实习等方面沟通不到位，学校并不了解企业对于人才的实际需求，企业对于学生实习方面的管理不科学，缺乏具体的执行与管理标准，这些都影响了商务英语专业学生就业创业指导工作的开展。

（三）就业指导力度不够

在高职院校商务英语专业学生就业创业指导方面，学校虽然不断进行综合素质培训以及专业能力提升教学，但是整体的就业创业指导力度不够，影响就业创业指导效果。商务英语专业的学生在依赖性方面比较强，尤其是对学校、对教师的依赖，通过教师获取专业知识，很多招聘信息的获得是通过上网或者查询书籍，就业渠道较少，获取就业信息不及时。学校应加大就业信息发布力度，鼓励学生寻找更多就业信息查询途径。学校对就业咨询的忽视直接影响到就业创业指导效果，学校没有认识到学生的心理承受能力与应变能力，导致商务英语专业学生就业率低下。

（四）商务英语专业定位模糊

在商务英语专业学生就业创业指导方面，专业定位模糊问题十分严重。商务英语覆盖范围较大，涉及商贸、营销、管理以及金融等多个领域，以英语与专业知识作为商务英语培养框架，不断为学生灌输专业知识。但是在商务英语专业教育中，高职院校却忽视了专业课程设置的专业性，参考一些普通高校进行商务英语专业课程设置，没有充分结合英语与专业知识，以至于学生步入就业岗位后无法适应岗位要求，对专业知识掌握不扎实，学生就业能力不足。

四、针对商务英语专业学生开展就业创业指导的有效路径

（一）从学生入校开始开展商务英语专业教育指导

对学生进行商务英语专业教育指导，应从学生步入校园就开始。对于商务英语专业来讲，学生选择这个专业时可能并没有进行深入了解，甚至不知道商务英语专业的教学内容以及未来就业的方向。面对这种情况，教师就需要从学生入学初期展开专业指导，组织商务英语专业启蒙讲座，在讲座中融入商务英语专业学生未来的职业生涯规划以及对学生的就业能力要求，帮助学生了解学习的专业，明确在商务英语学习中努力的方向。结合商务英语专业讲座，设立商务英语“讨论角”，以校企合作为桥梁，不定期聘请企业中的专业人员与学生进行讨论，解答学生在商务英语专业以及就业创业方面的疑惑，帮助学生更全面地了解商务英语相关职业。学生树立以就业为前提的商务英语学习理念，通过不断学习与请教专业人员，提高自身的就业创业能力，做好毕业就业的准备。

（二）深入落实校企合作岗位指导策略

正确认识校企合作为企业与为高职院校带来的有利条件，通过商务英语专业教学，加大应用型人才培养力度，除了促使学生掌握商务英语基础知识以及专业技能之外，还需要灌输更多商贸理论，制定商务英语专业培训课程，帮助学生更好地消化学习到的理论知识，科学应用专业知识解决实训问题。以校内实训、企业实训为中心，在校内实训中增加更多商务英语专业相关的案例分析，结合学生学习到的专业知识，贯穿整个实训过程，提高学生的综合能力及就业创业能力。企业实训方面主要为高职院校的课外实训内

容，根据企业对学生专业能力的要求与对复合型人才的需求，结合企业实际工作模式设置实训项目，发挥商务英语专业学生的想象力，帮助学生明确就业目标，树立正确的择业观念，使其能够独立完成企业实训项目。学生在企业中进行顶岗实习，教师引导学生抓住岗位实习的机会，进入企业后认清专业的价值。对于商务英语中外贸经营方面的内容，通过岗位实习，学生能够熟练掌握外贸企业的具体操作流程，并且通过自身能力不断开拓外贸市场，学习更多外贸企业的营销策略，锻炼外贸现场接待口译能力，将课堂上学习到的专业知识应用到企业岗位实习中，利用这一实际锻炼的平台，做好就业准备，实现毕业与就业的无缝衔接。

（三）制订全面的就业创业指导规划

商务英语专业教师必须认识到就业创业指导对学生未来就业的重要性，对当前的就业创业指导进行创新与完善，制订更为全面的指导规划，帮助学生在商务英语学习中树立正确的就业观，并且不断提升学生的职业品质与综合素质，促进学生对职业技能的掌握。在商务英语课堂教学期间，不断融入就业创业指导规划，为学生提供更多参与商务英语学习活动的机会，使其从中学习商务英语就业创业技巧，积累更多就业创业经验，以此提高学生就业创业能力。

参考文献

[1]刘小琴.应用型本科大学“英语语言学”教学存在的问题与对策[J].英语教师，2018，18（7）：56-58.

[2]杜开群.关于大学英语语言学教学问题及对策分析[J].山东农业工程学院学报，2017，34（2）：5-6.

[3]郑雨.大学英语教学中模糊语言学的语用意义分析[J].西部素质教育，2015，1(6)：46.

[4]黄琼慧.商务英语语言学的理论体系研究[J].开封教育学院学报，2016，36（2）：68-69.

[5]翁凤翔.商务英语学科理论体系架构思考[J].中国外语，2009，6（4）：12-17+30.

[6]杨雪.浅谈英语教学中应用语言学的有效应用[J].教育现代化，2018，5（11）：185-186.

[7]任丽霞，吕桂凤.翻转课堂在大学英语教学中的应用[J].吉林医药学院学报，2020，41（1）：75-76.

[8]王慧.基于职业岗位导向的高职英语教学改革研究[J].轻纺工业与技术，2020，49（1）：183-184.

[9]张红玲.跨文化外语教学[M].上海：上海外语教育出版社，2007.

[10]吴为善，严慧仙.跨文化交际概论[M].北京：商务印书馆，2008.

[11]姚丽，姚烨.英汉文化差异下的英语教学探究[M].北京：中国书籍出版社，2014.

[12]王佐良.翻译：思考与试笔[M].北京：外语教学与研究出版社，1989.

[13]徐国庆.职业教育项目课程设计指南[M].上海：华东师范大学出版社，2013：19-

28.

[14]戴炜栋，何兆熊.新编简明英语语言学教程[M].上海：上海外语教育出版社，2010.

[15]王坦.合作学习的理论与实施[M].北京：中国人事出版社，2002.

[16]胡壮麟.语言学教程[M].北京：北京大学出版社,2002.

[17]桂诗春.应用语言学[M].长沙：湖南教育出版社，1988.

[18]冯艳妮.职业教育项目课程中项目活动设计研究[D].上海：华东师范大学，2010.

[19]周风燕.英语学习策略[M].北京：知识产权出版社，2009.

[20]左焕琪.外语教育展望[M].上海：华东师范大学出版社，2002.

[21]王笃勤.真实性评价：从理论到实践[M].北京：外语教学与研究出版社，2007.

[22]盛群力.21 世纪教育目标新分类[M].杭州：浙江教育出版社，2008.